塩麹・しょうゆ麹・甘酒で作る

免疫力を上げる！ 発酵食レシピ

小紺有花

河出書房新社

はじめに

発酵食で腸を整えることが、免疫力アップへの近道！

免疫力は病気や感染症から身を守るために体に備わった大切な機能。免疫細胞が外から侵入してきた病原体や異物を発見して攻撃したり、がん細胞を破壊したり、病原体に対する抗体をつくったりしてくれます。

その免疫細胞の7割が腸内の粘膜に存在し、体全体の免疫機能を支えています。腸内はいわば、免疫力をつくりだす工場のようなもの。「免疫力＝腸内細菌のバランス」ともいえるでしょう。腸に多くの免疫機能が集まっているのは、有害物質は腸の粘膜から侵入してくることが最も多いからです。

免疫力アップのために大切なのが、食事・睡眠・運動・ストレス緩和など、総合的に生活習慣の質を向上させること。

その中でも特に重要なのが免疫細胞が働きやすくなる効果的な食事法です。

元気な腸内環境にするには？

腸内細菌は「善玉菌2：悪玉菌1：日和見菌7」が理想的なバランスといわれています。

理想的な腸内環境を育むためには、①有用な菌を積極的に体に摂り入れる「プロバイオティクス」と、②善玉菌のエサを供給する「プレバイオティクス」の同時摂取が望ましいのです。

「プレバイオティクス」とは、具体的には善玉菌が好む食物繊維やオリゴ糖を多く含む野菜、果物、海藻、きのこ、豆類を摂取することです。中でも水溶性食物繊維やオリゴ糖は、大腸まで消化されずに到達し、腸内細菌の働きによ

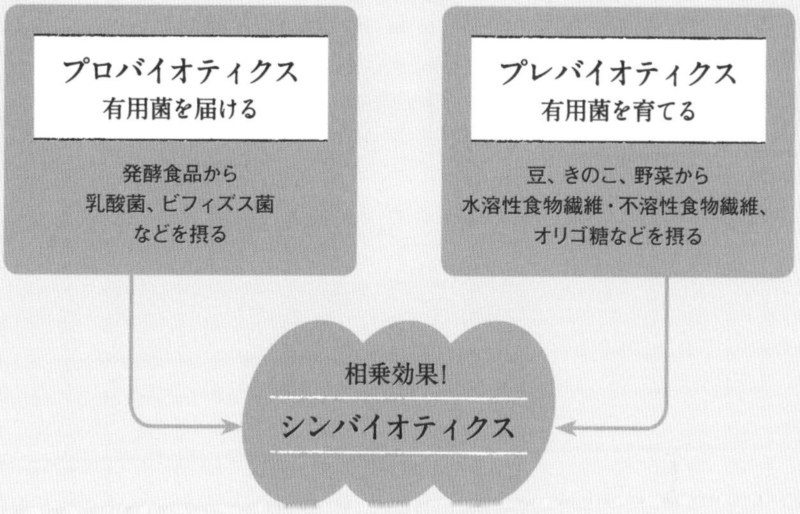

り分解・発酵され、人体に大変有益な栄養素である短鎖脂肪酸の材料となります。

短鎖脂肪酸は、善玉菌を応援する働き以外にも、免疫力の向上、炎症を抑える物質をつくり、肥満の予防や血糖値の上昇抑制などの働きが期待できます。

そして、①と②を一緒に摂ることで腸内環境を最大限に整えることができます。この方法を「シンバイオティクス」と呼びます。

ここまで読まれて気づかれましたか? 塩麹、甘酒、しょうゆ麹、みそ、納豆、漬物といった発酵食品を使った献立は、理想的な腸内環境を育む、まさに「シンバイオティクス」そのものなのです!

麹の力

麹菌は日本の主な発酵調味料の元となり、日本の食文化の根幹を支え、古来より日本人の健康維持に貢献してきました。そして、麹菌は数ある微生物の中でも、とりわけ酵素の生産量に優れています。

約１００種ともいわれる多彩な酵素によって、食品の成分を力強く分解し、豊富な栄養と複雑な味わいを生み出します。麹の発酵食は、その醸造過程で乳酸菌、酵母菌など他の発酵菌も関与してきますから、プロバイオティクスとして理想的です。

本書では、その麹の素晴らしい力を簡単に日々の食生活に活かせるレシピを紹介しています。塩麹、しょうゆ麹、甘酒にはアミノ酸、ブドウ糖などのうまみ成分が豊富に含まれているので、ひとさじ加えるだけであっという間に料理をおいしくしてしまうとても便利な天然のうまみ調味料です。

忙しい現代人が手軽に発酵食生活を実践するのにうってつけ！　おいしく楽しく食べながらお腹に元気を届けることができます。

添加物をたくさん使った加工食品を多く食べ、野菜をあまり食べずに食物繊維が不足するような生活を送っていると、腸内細菌の数が減り、バランスが崩れ、それに伴い免疫力も低下して病気にかかりやすくなってしまいます。さらには抗生物質や抗菌剤などの多用によって、ますます腸内細菌の多様性は失われ、腸内環境が悪化してゆきます。

昨今「菌がないことが清潔」という風潮が広まり、微生物を嫌う人が増えているように思いますが、腸内細菌の多様性とバランスを保ち、健康を維持するためには、微生物とうまく共生する必要があります。

本書では、お酒に合う和洋のおつまみから、メインになるおかず、鍋、スープ、ご飯、麺、さらには秘伝のソース&ディップなど、大人から小さなお子様まで幅広い世代の方に喜んでいただけるレシピを93品収録しています。ぜひ、毎日の献立づくりに活用して、免疫力向上にお役立てください。

小紺有花

目次

PART 1 ささっとあえて。 和のおつまみ

PART 2 ワインがすすむ、洋のおつまみ

PART 3 塩麹だから失敗なし！ 絶品煮もの&蒸しもの

ボリューム満点！ でも ヘルシーなおかず

ほっこりおいしい スープ&鍋

PART 4

PART 5

PART 6

塩麹で〆がもっとおいしく！

ご飯と麺

作りおきでおつまみもおかずもラクラク！

ソース&ディップ

column

- 材料は2人分または2〜3人分表記です。ただし、料理によっては作りやすい量を紹介しているものもあります。
- 1カップ＝200cc、大さじ1＝15cc、小さじ1＝5ccです。素材により、量りやすい分量で表記しています。
- 材料の重さ（g）は基本的に正味重量（皮をむいたり、わたや種を除いたあとの重さ）で表示しています。個数、本数などは目安です。
- 煮たり焼いたりする時間は目安です。調理器具、火力、コンロの種類によって変わってくるので適宜調節してください。
- すべてのレシピで使用する塩麹、甘酒、しょうゆ麹はP10〜13で作るものに基づいて分量表記しています。市販のものを使用する場合、多少味や仕上がりに差が出ることがあります。
- 甘酒を作るときは保温温度55℃前後を一定に保てるならどんな方法、器械でも構いませんが、本書ではいちばん手軽な炊飯器を使用しています。炊飯器は機種によって保温温度が高くなる場合があるので、ご注意ください（経験的に63℃くらいまでは失敗しない許容範囲です）。
- 本書では家庭用電気オーブンを使用したときの温度を表記していますが、機種により焼き具合に違いがあるため、様子を見ながら、温度や時間を調整してください。家庭用ガスオーブンを使う場合は、表記の温度から10℃ほど下げてください。

料理作りの基本材料

よい調味料を使うと、料理の味が格段によくなります。みそ、しょうゆ、酢などの発酵調味料の場合、発酵食のよさを兼ね備えるのは天然醸造のものだけ。原材料に注意して本物を選びましょう。塩麹、甘酒は市販品もありますが、簡単に作ることができます。

1　甘酒

砂糖の代わりに使うことで、素材の持ち味が際立ち、料理に優しい甘さが加わります。作り方はP12。

2　塩麹

塩の代わりに使うことで、料理にうまみとコクを与える万能調味料。作り方はP10。

3　しょうゆ

原材料が丸大豆、小麦、塩のみの丸大豆本醸造を使用して。じっくり長期熟成されたしょうゆはまろやかで深いうまみがあります。「しょうゆ麹」（作り方P13）にも使います。

4　粗塩

海水が原料の天然塩。本書では塩麹作りに使います。麹との相性もよいので、精製塩ではなく粗塩を使うことをおすすめします。

5　豆乳

乳製品よりヘルシーな代替品として使います。成分無調整、大豆固形分8〜9%のものを選びましょう。豆腐が作れるタイプのものは青臭さがあり、料理には不向きです。

6　米酢

原材料が米のみの純米酢を使用して。お米の甘みがいきていて、酸味がやわらかでうまみが濃いのが特徴。

7　なたね油

日本人が古くから食用して来た植物油。加熱しても酸化しにくく、保存性にも優れています。クセが少ないもの、圧搾製法のものを選びましょう。

8　麹みそ

原材料が大豆、米麹、塩のみのものを使用して。天然醸造の麹みそは甘みがあって風味豊か。

塩麹の作り方と特徴

どんな料理でも素材のおいしさを引き出す魔法の調味料、塩麹。普通の「塩」を使うより、奥深いコクが加わり、料理の腕も断然上がります。本書では保存瓶ひとつあれば、お手軽に塩麹が作れる方法を紹介します。生麹と乾燥麹を使う場合では、水分と塩の量に違いがあります。

材料

〈生麹を使う場合〉

でき上がり約440g

生麹	200g
粗塩	60g
水	200cc

〈乾燥麹を使う場合〉

でき上がり約500g

乾燥麹	200g
粗塩	70g
水	260cc

※塩麹の塩分濃度は約13%。

作り方

仕込み

1 清潔な保存瓶にほぐした米麹を入れる。

2 米麹の上に粗塩を重ね入れる。

3 水を注ぎ入れ、よく混ぜる。

仕込み後

4 材料を仕込んだあと、ふたをして室温に静かにおく。1～2日に1回清潔なスプーンなどでよくかき混ぜ（十分なとろみが出てきたら、2～3日に1回混ぜる程度でよい）、10日ほどおく。

塩麹を仕込むときのポイント

〈生麹を使用する場合〉

＊生麹：塩：水＝10：3：10の重量比。

〈乾燥麹を使用する場合〉

＊乾燥麹は生麹と比べて水分を多く吸うので、水を多めに入れること（それに伴い、塩分濃度も変化するので、本書レシピでは生麹を使う場合とほぼ同じ塩加減になるように、水と塩の量を調整ずみです）。

＊乾燥麹で仕込んだ塩麹は、生麹の場合よりも仕上がりの色が濃く（ベージュ色に）なることがあります。

塩麹の失敗例

表面に灰色や青やピンクのカビが出たら、雑菌が繁殖した可能性大。処分したほうが無難です。白いものは「産膜酵母」。無害なので表面の白い部分を削り取って冷蔵保存して使えますが、産膜酵母の上にも雑菌繁殖の可能性はあるので、判別しづらく心配なときは使用を控えましょう。失敗しないためにも、レシピの分量を守り、清潔な道具を使い、こまめにかき混ぜ、湿気の少ない清潔な場所で保管するようにしましょう。

産膜酵母が生えた例。水が多すぎるか、混ぜ方が足りない。

ピンクのカビが生えた例。水が多すぎるか、混ぜ方が足りない、または混ぜるときに雑菌が混入した可能性が。

塩麹の理想の発酵プロセス

1 仕込んだ翌日。よく混ぜる。

2 1週間め。水が上がってきて、お酒のような香りと甘みが少し出てくるがまだ若い状態。

3 10日め。塩麹の完成。塩味がまろやかになり、お酒のような香りもさらに出てくる。やや若いが、料理に使える状態。

4 3週間め。発酵が進み、酵母発酵が始まりブクブクして、固形物が全部上に上がっている状態。うまみも栄養もいちばん充実する頃。使うときはよくかき混ぜて。

※必ずしも酵母発酵するとは限りません。酵母発酵しなくても熟成は進んでいます。

甘酒の作り方と特徴

甘酒は、ドリンクとして飲む以外に、砂糖の代用として料理に使えます。生麹と乾燥麹を使う場合では、水分の量に違いがあります。発酵には温度管理が重要なポイントです。

材料

〈生麹を使う場合〉

でき上がり 約1.4kg

ご飯……3合分
：普通に炊く
水……400cc
生麹……300g
：室温にもどしておく

でき上がり 約430g

ご飯……1合分※
：普通に炊く
水……130cc
生麹……100g
：室温にもどしておく

〈乾燥麹を使う場合〉

でき上がり 約1kg

ご飯……2合分
：普通に炊く
水……350cc
乾燥麹……200g
：室温にもどしておく

でき上がり 約460g

ご飯……1合分※
：普通に炊く
水……180cc
乾燥麹……100g
：室温にもどしておく

※米1合で甘酒を仕込む場合は、3合炊きの炊飯器が適しています。6合や1升炊きの炊飯器では水分蒸発が多くなり、煮詰まった仕上がりになるので不向きです。

作り方

仕込み

1 炊きたてのご飯に水を注ぐ※。

※炊飯器に注ぐ水の温度は季節ごとに異なるため、寒い季節はぬるま湯を使うなど、ご飯の温度が63～65℃になるように調節して。また、米麹も冷蔵庫から出したてを使うと温度が下がりすぎるので、室温にもどしてから使いましょう。

2 よく混ぜる。

3 ご飯の温度が63～65℃に下がっているか確認する。

甘酒を仕込むときのポイント

〈乾燥麹を使用する場合〉

＊水分量は生麹で仕込むときの3割増しに。

＊乾燥麹で仕込んだ甘酒は、生麹の場合よりも仕上がりの色が濃く（ベージュ色に）なることがあります。

〈発酵について〉

＊甘酒作りの適温は55℃前後。温度計でこまめに温度管理すること（70℃以上になると発酵しなくなるので注意）。また、保温温度はなるべく一定に保ちましょう。

＊仕込み後に保温スイッチを入れ忘れ、温度が下がり過ぎてしまったら、炊飯器のふたを閉じて30～1時間保温して温度を上げます。適温になったら、ふたを開けて通常の方法で保温を続けましょう。

＊使う米麹によっては糖化力が弱く10～12時間では十分に甘くならないことも。その場合は最長19時間くらいまで様子を見ながら保温します（それ以上保温して酸味が出てきたら、ドリンクやドレッシング、酢のものなどに活用しましょう）。

4 よくほぐした米麹を入れ、よく混ぜる（発酵に適温の55℃前後くらいになる）。炊飯器のふたを開けたままふきんを1枚かぶせて、保温ボタンを押す。

5 発酵が始まり1〜2時間すると、水分が出てご飯が汗をかいたようにぬれてくる。一度混ぜる。3〜4時間おきに混ぜながら、約12時間保温を続ける（保温温度が選べる場合は低温に）。

6 とろみが出て完成した状態。米粒がおかゆのようにふやけて、十分な甘みが出てきたらでき上がり。

完成後

清潔なふたつきの容器に移し、冷めてから冷蔵または冷凍保存する。

しょうゆ麹の作り方と特徴

しょうゆ麹はしょうゆに米麹を漬け込んだもので簡単に作れます。仕込んで1か月ほどで使えるようになりますが、2〜3か月めくらいにいちばん味がのってきます。

材料

〈生麹を使う場合〉		〈乾燥麹を使う場合〉	
でき上がり約480g		でき上がり約560g	
生麹	200g	乾燥麹	200g
しょうゆ	300cc	しょうゆ	380cc

※しょうゆ麹の塩分濃度は約10%。

作り方

仕込み

1 清潔な保存瓶にほぐした米麹を入れる。

2 しょうゆを注ぐ。

3 よく混ぜる。

仕込み後

かき混ぜたらふたをして、常温で1か月以上おく。熟成中はかき混ぜなくてよい。静かにゆっくり熟成させると甘みが増した濃いもろみしょうゆができ上がる。

4 熟成したしょうゆ麹。写真は2か月熟成させたもの。

※通常のしょうゆの塩分濃度は約16%。麹を漬け込んだしょうゆ麹にすると塩分濃度は約10%に。しょうゆ麹はうまみ成分が濃いので、少量の使用でも十分においしくなり、減塩食に役立ちます。

しょうゆ麹を仕込むときのポイント

＊しょうゆは「丸大豆本醸造」のものを使用する。また、減塩タイプのしょうゆは塩分濃度が低く、雑菌が繁殖する可能性が高くなるので使用しないほうがよい。

＊瓶や混ぜるときに使うスプーンなどは清潔でよく乾燥したものを使用して。水分が入ると雑菌が繁殖する恐れがあるので注意。

麹の便利帖

塩麹、甘酒、しょうゆ麹を発酵調味料として料理に使う場合、使う素材によってポイントがあります。コツさえつかめば、料理の幅もぐんと広がり、料理上手になったとほめられますよ！

塩麹の使い方

魔法の天然うまみ調味料、「塩麹」。とにかく塩の代わりに使ってみて。いつもの料理がパッと華やぎます。塩麹は塩味ですからどんなジャンルの料理にも使えます。しょうゆやみそはどうしても和風のイメージが残ってしまいますが、塩麹なら和洋中、どんな国籍の料理にも違和感なくなじみます。例えばゆでた野菜の味つけなども、組み合わせる素材によって様々なアレンジを楽しむことができます。

塩麹
＋
ごま油
▼
和風

塩麹
＋
オリーブ油
▼
イタリア風

塩麹
＋
にんにく
＋
すりごま
▼
韓国風

甘酒の使い方

砂糖の代わりに使うといつもの料理がほっこりふんわり、しみじみおいしく変身！　煮ものなどにも重宝します。次のように合わせ調味料の材料としても◎。

甘酒
＋
みそ＋酢
▼
酢みそ

甘酒
＋
塩＋油＋酢
▼
ドレッシング

甘酒
＋
しょうゆ
▼
甘辛しょうゆだれ
（炒めものやあえものなどに）

※甘酒の使用量はお好みで加減してください。

しょうゆ麹の使い方

普通のしょうゆと同様に何にでも使えます。しょうゆ麹を加えるだけで料理に複雑なうまみが加わります。塩麹と同様に酵素が豊富なので、肉や魚に塗り込んでしばらくおくと、肉質がふっくらやわらかくなり、消化もよくなります。

炒めものや煮ものの隠し味に。納豆に混ぜたり、
たっぷりの薬味と合わせてソースやドレッシングに。

塩麹、しょうゆ麹の使用量の目安

素材の重さの10%が基本使用量と覚えておきましょう。料理によって5〜15%の範囲内で適宜加減します。漬け込みにはビニール袋を活用すると場所をとらず、素材をもみ込んだりできて便利です。

漬けものには

素材の重さの10〜15%が目安。10%だとかなり甘塩ですが、昆布や唐辛子や柚子などを添えて味を補うとよいでしょう。

野菜を浅漬け、ピクルス用に塩麹で漬け込んでいる例。

煮もの・炒めもの・蒸しものには

素材の重さの5〜10%が目安。煮汁を多く含むものや蒸発の多いものなどは適宜加減します。でき上がってから少しおいて、素材と麹のうまみがなじむのを待つとさらにおいしさが増します。

肉・魚介類の下味と仕込み時間の目安

素材の重さの10〜13%が目安。肉・魚介類は必ず塩麹やしょうゆ麹で下味をつけてから使うと、うまみが増すだけでなく、酵素の力で漬け込む素材の細胞が細かく分解され、食感がやわらかくなって消化吸収がよくなります。下味用に仕込んだあとは、鶏肉なら5〜6時間（ひと晩〜3日おくと熟成がすすみ味わいが変化する）、牛肉・豚肉なら30分〜1時間（長時間おくと獣臭い風味が出るので注意）、魚介類なら2〜3時間を目安に冷蔵庫でねかせます。青魚やえび・いかなどはひと晩漬けてもOKですが、白身魚は柔らかくなりすぎて、調理時に身崩れするので、漬け時間は短めにしましょう。

魚介類を塩麹で漬け込んでいる例。

肉を塩麹で漬け込んでいる例。

麹の選び方と使い方

米麹を選ぶときは生タイプと乾燥タイプがあるのでその違いを知っておきましょう。
また、麹は毎日続けて摂取することが大切です。

生麹と乾燥麹の違い

- 市販の米麹には「生麹」と「乾燥麹」があります。どちらも同じように発酵食を作ることができますが、扱い方や保存方法に違いがあります。
- 生麹は水分を含むので、雑菌が繁殖しやすく、冷蔵または冷凍での保存が必要です。一方、乾燥麹は生麹を乾燥させて水分を飛ばし、保存性を高めたもの。未開封なら湿気の少ない冷暗所で約半年間保存が可能です。詳しい保存法については、P28 を参照してください。
- 乾燥麹は、乾燥して水分をほとんど含んでいないため、発酵食を仕込むときは生麹と比べて加える水分量を3割ほど増やします。
- 一般的に「生麹の方が風味がよく、発酵力が強いのでは?」と言われていますが、私としては、生か乾燥かの違いが麹の品質を決定づけるものではないと感じています。乾燥麹で素晴らしい風味を生み出すものもたくさんありますし、生麹でも発酵力が弱く、風味が悪いものもあります。麹の品質は製造元の製麹（せいきく）技術で大きく左右されますし、製造元によって味の個性があります。色々な麹を試してみて自分にとってのお気に入りを見つけてみてください。

1　乾燥麹

生麹を乾燥させて長期保存がきくようにしたもの。板状のものはほぐして使います。
※乾燥麹は 200g 単位で販売されている場合が多い。

2　生麹

でき上がってそのままの状態。ほぐして使います。

麹は毎日食べましょう

- 腸内環境は日々の食生活でつくられます。役目を終えた腸内細菌は毎日排泄されて、腸内環境は日々変化してゆきます。
- 腸内細菌の多様性とバランスを良好に保つためには、Ｐ２でもお伝えしたように、毎日プロバイオティクスとプレバイオティクスを腸内に送り込む必要があります。もし、体調不良を感じたら、それは腸内環境が悪化してきているサインかもしれません。毎食に発酵調味料をうまく活用すれば、麹の酵素の力が食材を分解し、消化がよくて滋養に満ちた食事を手軽につくることができます。ぜひ意識して食べることで、腸内環境をいたわりましょう。
- 食欲がないときは温めた甘酒や塩麹で味付けした野菜スープなどを飲むだけでも、穏やかに発酵の力を取り入れられます。

PART 1

ささっとあえて。和のおつまみ

魔法の調味料の塩麹を足すだけで
コクとうまみのある和の味に。
お酒もすすみそう。おいしいだけでなく
麹の酵素が消化を助けてくれるので、
体にも優しいのです。

塩麹レシピ

白菜のマリネサラダ

白菜のみずみずしさがいきています。

材料（作りやすい量）

白菜 ……… ¼個(250g)
：せん切り

長ねぎ …… ⅕本(20g)
：縦半分に切って斜め薄切り

にんじん …… 2cm(20g)
：せん切り

塩麹ドレッシング
［作り方P92］…… 全量

作り方

すべての材料を混ぜ合わせ、味をなじませる。

混ぜたてはシャキシャキフレッシュな感じを楽しめます。ひと晩冷蔵庫でおくとしっとりなじんで、また違った味わいが。冷蔵保存で4〜5日もつので、たくさん作って常備しておくと便利。

Kokon's memo

塩麹レシピ

おからのサラダ

おからがサッパリ食べられます。

材料（2人分）

生おから ……… 50g
にんじん …… 2cm(20g)
：7mm角のさいの目切り
大根 … 1〜1.5cm(50g)
：7mm角のさいの目切り
きゅうり …… ½本(45g)
：7mm角のさいの目切り

A
塩麹 … 大さじ1と½
レモン汁 ……… 大さじ½
オリーブ油（エキストラバージン） ……… 大さじ½

作り方

1 ボウルにAを合わせてよく混ぜ、ドレッシングを作る。野菜をすべて加えてよく混ぜ合わせ、しばらくおく。

2 1におからを加えてよく混ぜ合わせる。

冷蔵庫で保存し2〜3日中に食べきること。生おからは火を通さずに食べるので、できるだけ新しいものを使いましょう。

Kokon's memo

甘酒レシピ

ひじきのサラダ

野菜のうまみをひじきが吸うまで
ゆっくり待ちましょう。

材料（作りやすい量）

乾燥ひじき ………… 1袋(20g)
水菜 ……… ½束(100g)
：3〜4cm長さに切る
にんじん …… 2cm(20g)
：せん切り
大根 ……… ⅙本(150g)
：せん切り

A
甘酒 …… 大さじ2
麹みそ … 大さじ2
米酢 … 大さじ1と½
ごま油 … 小さじ2

作り方

1 ひじきは軽く水通しをして、ざるに上げ、水けをきる。

2 ボウルにAを合わせ、ドレッシングを作る。野菜を加えて混ぜ合わせ、しばらくおいて味をなじませる。

3 2に1のひじきを加えて混ぜ合わせ、保存容器に移して冷蔵庫で保存する。野菜から出る水分でひじきがふやけるまで4〜5時間おく。

ひじきは水でもどさず野菜から出る水分でもどすと、野菜のエキスを無駄なく食べられ、ひじきのうまみや栄養も流れません。

Kokon's memo

塩麹レシピ

ブロッコリーの白あえ

塩麹を使えば白あえがとっても簡単に作れます。

材料（2〜3人分）

ブロッコリー……½個（130g）
木綿豆腐……½丁（150g）
塩麹……小さじ1
A 塩麹……大さじ1
A ごま油……小さじ½

Kokon's memo
とてもシンプルなので、おいしい豆腐を使うことがポイントです。

作り方

1 ブロッコリーは房を大まかに切る。茎は皮をむいて、ひと口大に切る。鍋に水¼カップ、塩麹、ブロッコリーを入れ、ふたをして中火にかける。沸騰したら弱火にして3〜4分蒸し煮にする。好みのかたさにゆで、ざるに上げて粗熱を取る。房はさらに小さく裂き、茎は5㎜厚さの薄切りにする。

2 豆腐は軽く水けをきってボウルに入れる。Aを加えて、フォークで豆腐を崩しながらよく混ぜる。

3 2に1のブロッコリーを加えてあえる。

塩麹レシピ

こんにゃくのみぞれあえ

口の中がさっぱりします。箸休めに。

材料（2〜3人分）

こんにゃく……1枚
大根……⅓本（300g）
しょうゆ……小さじ2

A
- 米酢…大さじ1と½
- 塩麹……大さじ1
- 白すりごま……大さじ1
- 青のり…小さじ¼

作り方

1 こんにゃくは縦半分に切って5mm厚さに切る。

2 大根はすりおろしてざるに上げ、軽く水けをきる（押さえたりしなくてよい）。ボウルに入れ、Aを加えて混ぜておく。

3 鍋にこんにゃくを入れて中火で炒める。こんにゃくの水分がとんで表面が白っぽくなるまでしっかりと炒めて、しょうゆを加える。ひと混ぜしたら火からおろし、粗熱を取る。

4 2に3のこんにゃくを加えてあえ、しばらくおいて、味をなじませる。

甘酒レシピ

菜の花の甘酒酢みそあえ

甘酒を使って、酢みそも砂糖いらず！

材料（作りやすい量）

菜の花……1束

A
- 甘酒……大さじ2
- 麹みそ…大さじ1
- 米酢……小さじ1

作り方

1 菜の花はたっぷりの沸騰した湯でサッとゆでる。冷水にあてて冷まし、軽く絞って3cm長さのざく切りにする。

2 Aを合わせてよく混ぜ、酢みそを作る。

3 1の菜の花を器に盛り、2の酢みそをかける。

塩麹レシピ

いかそうめんの塩麹あえ ゆず風味

塩麹をあえるだけで、いかの塩辛風おつまみがあっという間に完成！　甘塩でまろやか。

材料（2～3人分）

いかの切り身（刺し身用）……100g
塩麹………小さじ2
ゆずの皮（黄色い部分）………………適宜
：せん切り

作り方

ボウルにすべての材料を混ぜ合わせ、密閉容器に入れる。いかの表面をぴったりラップで覆い、冷蔵庫でねかせる。

2時間たったころから味がなじんできて、ねかせるほどにまろやかになります。冷蔵庫で3～4日保存可能。

Kokon's memo

塩麹&甘酒レシピ

塩納豆

地味においしいおつな味。
ご飯のお供にも、酒の肴にも。

材料（作りやすい量）

納豆…3パック（120g）
塩麹………小さじ2
甘酒………大さじ4
刻み昆布…ふたつまみ
練り辛子………少々
赤唐辛子………1本
：種を除き、ちぎる

作り方

ボウルにすべての材料をよく混ぜ合わせ、密閉容器に移して冷蔵庫で保存する。

Kokon's memo

翌日からおいしくなってきます。たくさん作って冷蔵保存しておけばすぐに納豆が食べられて便利。約10日以内に食べきって。

塩麹レシピ

にんじんのいり豆腐

塩麹で下味をつけると
豆腐の甘みが引き立ちます。

材料（2〜3人分）

にんじん …⅔本（100g）
：4cm長さのせん切り
木綿豆腐 … 1丁（300g）
塩麹 ………………適量
白いりごま・こしょう ………………各少々
ごま油 ……小さじ2

作り方

1 豆腐はひと口大にちぎり、塩麹大さじ1と½をまぶして冷蔵庫で5〜6時間ねかせる。

2 フライパンにごま油を熱し、にんじんを中火でサッと炒める。しんなりしてきたら塩麹小さじ1を加えて1〜2分炒める。豆腐を加え、豆腐の水分がとぶまで強火で約2〜3分炒める。仕上げに白いりごま、こしょうをふる。

塩麹レシピ

ぎんなんと山いものいり豆腐

山いものサクサク感、ぎんなんのほろ苦さ、
豆腐の甘みの三重奏。

材料（2〜3人分）

ぎんなん ………15個
：殻から出す
山いも ……………80g
：5mm厚さのいちょう切り
木綿豆腐 … 1丁（300g）
塩麹 …… 大さじ1と½
こしょう ………少々
ごま油 ……小さじ2

作り方

1 豆腐はひと口大にちぎり、塩麹をまぶして冷蔵庫で5〜6時間ねかせる。ぎんなんは熱湯で3分ゆでて薄皮をむく。

2 フライパンにごま油を熱し、中火で山いもをサッと炒める。豆腐とぎんなんを加え、豆腐の水分がとぶまで強火で2〜3分炒める。仕上げにこしょうをふる。

Kokon's memo
豆腐を炒めるとき、箸などでかき混ぜすぎると崩れやすいので、フライパンをゆする程度に。下味をつけた豆腐から出た水分は捨てずに、うまみを無駄なく料理に閉じ込めて。

塩麹レシピ

大根なます

大根の自然な甘みをいかしてさっぱりと仕上げました。

材料（2〜3人分）

大根……⅙本（150g）
：せん切り

にんじん…⅙本（25g）
：せん切り

油揚げ……¼枚（25g）

塩麹……大さじ1と½

米酢……小さじ2
：レモンやゆずの絞り汁でもよい

白いりごま……適量

作り方

1 フライパンを熱して油揚げを入れ、表面の油をペーパータオルで吸い取りながら、弱火で軽く色づくまで焼く。取り出してせん切りにする。

2 ボウルに白いりごま以外の材料を入れてよく混ぜ、しばらくおいて味をなじませる。器に盛り、白いりごまをふる。

ひと晩冷蔵庫でねかせると、より味が落ち着きます。好みでゆずの皮などで風味づけしても。

Kokon's memo

塩麹レシピ

わかめときゅうりの酢のもの

みょうがも加えてさわやかに。

材料（2人分）

乾燥わかめ……5g

きゅうり……1本（90g）
：薄切り

みょうが……2個
：縦半分に切って斜め薄切り

塩麹……大さじ1

米酢……小さじ2

作り方

1 わかめはたっぷりの水に5分つけてもどす。ざるに上げて水けをきり、軽く絞る。

2 ボウルにすべての材料を混ぜ合わせ、密閉容器に移す。冷蔵庫で1〜2時間ねかせて、味をなじませる。

塩麹レシピ

しめぶり

刺身用の切り身で手軽に作れます。

材料（2人分）

ぶり切り身（刺身用）……100g

塩麹……小さじ2

米酢……小さじ2

しょうが……適量
：せん切り

作り方

1 ぶりは塩麹をまぶしつけ、ラップに並べて包み、冷蔵庫で5〜6時間ねかせる。

2 1のぶりを米酢大さじ2（分量外）で洗う。

3 2に米酢をまぶしてラップで包み、冷蔵庫で1〜2時間おく。器に盛り、しょうがを添える。

ぶりなどの青魚は、ねかせる時間を長めにして味をしっかりつけるとおいしくなります。

Kokon's memo

塩麹レシピ

きゅうりのキムチ

塩麹ベースの即席ヤンニョムジャンにきゅうりをあえるだけ。手軽に楽しめるさっぱりとした和製キムチ。

材料（2〜3人分）

きゅうり……2本（200g）

A
- 刻み昆布……3g
- 長ねぎ……⅓本（30g）
  ：縦半分に切って斜め薄切り
- おろしにんにく……小さじ¼
- おろししょうが……小さじ½
- 粉唐辛子……小さじ¼
- パプリカパウダー……小さじ½
- 塩麹……大さじ2

作り方

1 きゅうりは縦半分にしてから7㎜厚さの斜め切りにする。

2 ボウルにAを合わせてヤンニョムジャンを作り、1を入れて混ぜる。ビニール袋に入れて密封し、1日室温におく。冷蔵庫で保存して熟成させる。

Kokon's memo

キムチは3日後くらいから味がなじんできます。日を追うごとに熟成がすすみ、1週間めくらいにいちばん味がのってきます。2週間以内に食べきりましょう。

塩麹レシピ

白キムチ

唐辛子が韓国に伝わる前の
いにしえのキムチをイメージして。

材料（2〜3人分）

白菜……2〜3枚（100g）
：ざく切り

長ねぎ……⅖本（40g）
：縦半分に切って斜め薄切り

三つ葉……¼束（15g）
：3cm長さのざく切り

刻み昆布……3g

ゆずの皮（黄色い部分）……ふたつまみ
：せん切り

おろしにんにく……少々

おろししょうが……小さじ¼

塩麹……大さじ1と½

作り方

ボウルにすべての材料を合わせてよく混ぜ、ビニール袋に入れて密封し、1日室温におく。冷蔵庫で保存して熟成させる。

塩麹レシピ

かぶの千枚漬けゆず風味

かぶのすべすべとした食感が上品。

材料（作りやすい量）

小かぶ……2個（200g）
塩麹……大さじ1と½
ゆずの絞り汁……小さじ2と½
赤唐辛子……少々
：輪切り

作り方

1 かぶは皮をむき、丸ごとスライサーで約2㎜厚さにスライスする。ボウルにすべての材料を混ぜ合わせ、軽く重しをして1日室温におく。

2 十分水が上がったら、汁ごと密閉容器に移して冷蔵保存する。

Kokon's memo

約1週間保存可能。
かぶの代わりに大根、ゆず果汁の代わりに米酢でもおいしく作れます。包丁でスライスする場合は、半月切りにすると切りやすいです。

column 1

本書で紹介する米麹や、発酵調味料の塩麹、甘酒、しょうゆ麹の保存方法を紹介します。麹は生きているので、おいしく使うためのコツを覚えておくと役立ちます。

麹の保存方法

麹は冷蔵・冷凍保存するよりも、買ったら早めに発酵食品に加工してしまったほうが、よりおいしく長期保存できます。冷凍した麹は自然解凍してから使います。

〈生麹の場合〉

＊買ってきたら冷蔵庫に保存し、2週間以内に使いきるのが理想。それ以降は麹の力がだんだん衰えてきます。

＊冷凍保存すれば長期保存が可能。一般的には2〜3か月もちますが、冷凍臭などがつきやすいため、1か月以内に使いきるのが無難でしょう。

＊少し古くなった麹は、クセが強く出やすいので、甘酒の仕込みには向かなくなります。甘酒は麹のよし悪しがはっきり現れるので、すっきりとした甘さに仕上げるためにできるだけ新しい麹を使うのがおすすめ。古くなった麹は塩麹に使いましょう。

〈乾燥麹の場合〉

＊乾燥麹は水分をほとんど含んでいないため、未開封の場合は常温での長期保存が可能。開封後は冷蔵庫か冷凍庫へ。麹の専門店が身近にない場合も乾燥なら入手しやすく、買いおきが可能なので便利です。

塩麹の保存方法

塩麹は年間を通して常温保存できます。2〜3日に1回必ずかき混ぜましょう。頻繁にかき混ぜることができない場合は、冷蔵保存すること（ただし、仕込んでから最初の3週間は必ず常温において十分に熟成させてください）。きちんと管理すれば腐ることはありませんが、味は変化していきます。常温保存なら3か月、冷蔵保存なら6か月以内がおいしく使える目安です。

甘酒の保存方法

必ず冷蔵か冷凍で保存し、冷蔵なら2週間を目安に使いきりましょう。甘酒は生きているので、それ以上保存しても腐るわけではありませんが、少しずつ味わいが変化して酸味が出ることも。その場合は、米酢として使用するとよいでしょう。冷凍すれば長期間できたての風味をキープできますが、冷凍臭がつく場合があるので2か月以内に使いきりましょう。
取り出すときに使うスプーンなどは、雑菌が入らないように清潔なものを使うこと。

しょうゆ麹の保存方法

基本的にかき混ぜずに通年常温保存して大丈夫です。しかし、熟成がすすむと酵母発酵が始まり、ブクブクと泡が立ち、麹の粒が盛り上がってくることがあります（必ずしもなるとは限らない）。その場合冷蔵庫で保存すると泡立ちがおさまってきます。また、2〜3日に一度かき混ぜるようにすればそのまま常温保存を続けても大丈夫です。
賞味期限は特にありませんが、おいしさのピークはあります。仕込んでから半年以内に食べきるとよいでしょう。

PART 2

ワインがすすむ、洋のおつまみ

万能調味料、塩麹は洋風メニューにも大活躍。
洋の素材と合わせるだけで
おしゃれな料理があっという間に完成！
発酵食品どうし、ワインと塩麹のマリアージュも楽しんで。
お肉料理のつけ合わせにも使えます。

塩麹レシピ

マッシュポテトローズマリー風味

お肉料理のつけ合わせにぴったり。

材料（2〜3人分）

じゃがいも……小2個（250g）
：ひと口大に切る

塩麹……大さじ1

A
- ローズマリー（生葉）……約10枚
- 豆乳（成分無調整）……¼カップ
- オリーブ油（エキストラバージン）……小さじ2

作り方

1 じゃがいもは鍋に入れて塩麹をあえる。水¼カップを入れて中火にかけ、沸騰したら弱火にして蒸し煮にする。

2 じゃがいもがやわらかくなったら強火にして、かき混ぜながら水分をとばす。

3 Aを加えてフォークなどでつぶしながら混ぜ合わせる。

塩麹レシピ

お手軽ローストビーフ

ステーキ肉で作るから焼く時間が大幅に短縮できます。

材料（2人分）

牛ステーキ肉（ももかひれ・約1.5cm厚さ）……200g

A
- 塩麹……大さじ1
- おろしにんにく……小さじ¼

クレソン……適量
：3〜4cm長さのざく切り

レモンマスタードソース［作り方P90］……全量

なたね油……小さじ2

作り方

1 牛肉は焼く30分前に冷蔵庫から取り出し、Aをまぶしておく。

2 フライパンになたね油を熱し、1の肉を入れて強火で両面各1分ずつ焼いて取り出す。粗熱を取り、肉汁を落ちつかせてから薄くそぎ切りにする。

3 2の肉を器に盛り、クレソン、レモンマスタードソースを添える。

Kokon's memo

肉の焼き時間は、厚みや焼き具合の好みにより加減してください。

塩麹レシピ

えびのガーリックソテー

えびの殻からもうまみがにじみ出てくるので、殻ごと食べましょう。

材料（2〜3人分）

えび（殻つき）…………12尾
塩麹…………えびの重さの10％量
にんにく…………2片
：みじん切り
なたね油…………小さじ2

作り方

1 えびは殻つきのまま塩麹をまぶし、冷蔵庫で5〜6時間ねかせる。

2 フライパンになたね油とにんにくを入れて中火で熱し、香りが出たら1のえびを加えて炒める。殻の色が変わったら水大さじ2を注ぎ、ふたをして弱火で2〜3分蒸し焼きにする。火を止めてそのまま1分おき、余熱で火を通す。

Kokon's memo

しっかりねかせると殻もやわらかくなります。

塩麹レシピ

エリンギとピーマンのジューシーグリル カリカリガーリック添え

エリンギとピーマンは丸ごと焼くと、とてもジューシーに仕上がります。

材料（2人分）

エリンギ	大2本（100g）
ピーマン	4個（130g）
塩麹	小さじ2
にんにく ：薄切り	1片
こしょう	少々
なたね油	大さじ1

Kokon's memo

お皿に残ったソースは、パンにつけたりご飯にかけると絶品です！

作り方

1 エリンギ、ピーマンは丸ごと焼き網で焼く。火が通ったら火からおろして粗熱を取る。エリンギは縦に裂き、ピーマンは中の種を取り除き、縦に4等分する。ボウルに入れ、塩麹をあえる。

2 フライパンになたね油とにんにくを入れて中火にかける。チリチリしてきたら弱火にして、じっくり揚げ焼く。軽く色づいてきたらにんにくを取り出し、油が熱いうちに1のエリンギとピーマンにかける。好みでこしょうをふる。

3 器に盛り、2のにんにくを散らす。

塩麹レシピ

ズッキーニのオムレツ

卵は塩麹との相性が特によい素材のひとつ。まろやかな味わいです。

材料（3〜4人分）

卵 …… 2個
ズッキーニ …… 1本（180g）
：5mm厚さの輪切り
にんにく …… 1片
：みじん切り
塩麹 …… 小さじ1
なたね油 …… 適量

Kokon's memo
ひっくり返すときは、オムレツをフライパンからふたの裏側にすべらせて、それを返してもどすとうまくいきます。

作り方

1 ボウルに卵を溶きほぐし、塩麹小さじ1（分量外）を混ぜて冷蔵庫で5〜6時間ねかせる（時間がないときはすぐ使ってもよい）。

2 フライパンになたね油小さじ2とにんにくを入れ、中火にかける。香りが出てきたら、ズッキーニを入れて強火で1分ほど炒め、塩麹で調味する。取り出して1に混ぜる。

3 フライパンになたね油大さじ1を強火で熱し、2の卵液を流し入れる。箸でゆっくりかき混ぜて形を丸く整え、半熟になったらふたをして弱火で1分、ひっくり返してふたをして1分焼く。火を止めてそのまま30秒蒸らす。

塩麹レシピ

かぼちゃのチーズ焼き

かぼちゃの甘み再認識。手早く作れて豪華に見える便利メニュー。

材料（2人分）

かぼちゃ（わたと種を除く）
…… ⅛個（200g）
塩麹 …… 大さじ½
A にんにく …… 1片
：みじん切り
A オリーブ油 …… 小さじ2
ピザ用チーズ …… 50g

Kokon's memo
かぼちゃの煮汁も捨てずにいっしょに焼き上げます。

作り方

1 かぼちゃは1cm厚さのひと口大に切る。オーブンは200℃に予熱しておく。

2 鍋にかぼちゃを入れて塩麹をまぶし、水¼カップを加える。ふたをして弱火で約8分蒸し煮にし、やわらかくなったら火を止める。

3 Aを2のかぼちゃに加えてざっくりと混ぜ（かぼちゃが崩れないように注意する）、煮汁ごと耐熱皿に並べる。ピザ用チーズをのせて、オーブンで約15分焼く。

塩麹&甘酒レシピ

コールスローサラダ

麹マヨソースがおいしさの決め手。

材料（2〜3人分）

キャベツ
……1と½枚（150g）
：せん切り

きゅうり……1本（90g）
：せん切り

パプリカ……¼個（30g）
：種を除いてせん切り

粒マスタード
…………小さじ1

麹マヨソース
［作り方P92］……全量

作り方

すべての材料をボウルに入れ、よく混ぜ合わせる。冷蔵庫で2〜3時間冷やしてなじませる。

Kokon's memo
冷蔵庫で4〜5日保存可能。

塩麹レシピ

にんじんとモッツァレラチーズのサラダ

コリアンダーの香りとにんじんの組み合わせが絶妙な味。

材料（2人分）

にんじん…⅔本（100g）

モッツァレラチーズ
……………100g
：1cm厚さの輪切り

塩麹…………大さじ1

米酢…………大さじ1

オリーブ油
（エキストラバージン）
…………大さじ1

コリアンダーパウダー
……………少々

作り方

1 にんじんはピーラーを使ってきしめん状の薄切りにする。すべて薄切りにしたら、包丁を3か所ほど入れて長さを短くする。

2 ボウルにすべての材料を混ぜ合わせ、保存容器に移して冷蔵庫で2〜3時間ねかせる。

塩麹レシピ

春雨サラダミント&レモン風味

ミントとレモンの香りが涼感誘う夏のサラダ。

材料（2人分）

緑豆春雨…………70g

トマト……⅛個（20g）
：2cm角のざく切り

貝割れ菜
……小¼パック（10g）
：3cm長さのざく切り

ミント&レモンソース
［作り方P93］……全量

作り方

1 春雨は袋の表示通りにもどし、水洗いして水けをきる。長い場合は食べやすく切る。

2 1の春雨、トマトをボウルに入れ、ミント&レモンソースを加えてよく混ぜ合わせる。器に盛り、貝割れ菜を添える。

Kokon's memo
作ってから時間がたつと、塩麹の酵素が春雨のデンプンを分解してドロドロになってくるので、できたてをすぐに食べましょう。

塩麹レシピ

ポテトサラダ

マヨネーズいらずのシンプルなポテトサラダ。

材料（2人分）

じゃがいも ………… 大1個（200g）
：ひと口大に切る

にんじん …… ⅕本（30g）
：5㎜厚さのいちょう切り

塩麹 ……… 大さじ1と½

玉ねぎ ……… ¼個（50g）
：みじん切り

A
- 米酢 ……… 大さじ1
- オリーブ油（エキストラバージン） …… 大さじ1と½

こしょう ………… 少々

作り方

1 じゃがいもとにんじんは鍋に入れて塩麹をまぶし、水大さじ3を加える。ふたをして弱火で10〜15分ほど蒸し煮にする。ときどきかき混ぜ、やわらかくなったらふたを取り、かき混ぜながら強火で水分をとばす。

2 玉ねぎはAを加えて混ぜ合わせ、10〜15分おいてなじませる。

3 1が温かいうちに2を加え、フォークなどでじゃがいもをつぶしながらよく混ぜ、好みでこしょうをふる。

塩麹レシピ

パプリカのマリネ

まるでフルーツのような甘みとジューシー感。

材料（2人分）

パプリカ …… 2個（260g）

塩麹 ………… 小さじ2

レモンの絞り汁 ………… 小さじ2

オリーブ油（エキストラバージン） ……………… 小さじ2

こしょう ………… 少々

作り方

1 パプリカは丸ごと焼き網にのせて、表面が黒く焦げるまで強火で焼く。焼けたら皿に取り、粗熱を取る。薄皮をむいて中の種を取り出し、ひと口大に切る。

2 ボウルにすべての材料を混ぜ合わせ、冷蔵庫で2〜3時間ねかせてなじませる。

塩麹レシピ

麹ピクルス

ささっと混ぜるだけの簡単&シンプルレシピ。

材料（作りやすい量）

きゅうり ……… 1本（90g）

セロリ ……… ½本（40g）

にんじん …… ⅓本（50g）

塩麹・酢 ……… 各大さじ1と½

粒こしょう ………… 3粒

作り方

きゅうりは縦4等分、適当な長さに切る。セロリは5㎜厚さの斜め切り、にんじんは拍子木切りにする。すべての材料を混ぜ合わせて室温に1日おく。

Kokon's memo

冷蔵で約2週間保存可能。新玉ねぎやブロッコリー、かぶ、大根などお好みの野菜でもおいしく作れます。塩麹と酢は野菜の重量の約15%を目安に。

PART 3

塩麹だから失敗なし!
絶品煮もの&蒸しもの

材料を鍋に仕込めば、あとは麹まかせ。
麹がうまみをたっぷり添えてくれるから料理が苦手な人でも、
手間なく簡単においしく作れるのが麹料理の魅力。
火加減にだけ注意しましょう。

のっぺい　塩麹レシピ

里いものとろみをいかした郷土料理を麹料理にアレンジ。

材料（2～3人分）

里いも……4～5個（150g）
干ししいたけ……2個
しめじ……½パック（50g）
にんじん……⅓本弱（40g）
車麩……スライス2枚
A［塩麹……大さじ1と½
　しょうゆ……小さじ2
ごま油……小さじ½

作り方

1 里いもは皮をむいて1.5cm厚さに切る。干ししいたけは水でもどして軸を取り、4等分にする。もどし汁は捨てずに残しておく。しめじは根元を切ってほぐす。にんじんは1cm厚さの輪切りにする。車麩は水でもどしてよく絞り、4等分にする。

2 鍋にごま油をひき、しめじ、干ししいたけ、里いも、にんじんの順に重ね入れ、A、しいたけのもどし汁・水各½カップを加える。ふたをして中火にかけ、沸騰したら弱火にして7～8分ほど煮る。

3 里いもに八分通り火が通ったら全体を大きくかき混ぜて、車麩を加える。車麩によく煮汁がしみ込むようにして、里いもが十分やわらかくなるまでさらに5分ほど煮込む。

かきの塩麹蒸しオリーブオイル風味　塩麹レシピ

まったり濃厚！　ささっとできるおいしいつまみ。

材料（2～3人分）

かき……150g
A［塩麹……大さじ1
　おろししょうが……小さじ½
　おろしにんにく……少々
こしょう……少々
オリーブ油（エキストラバージン）……大さじ1

作り方

1 かきはサッと水洗いし、水けをきる。ボウルに入れ、Aを加えてあえ、冷蔵庫で2～3時間ねかせる。

2 1のかきを冷蔵庫から出して、すぐに漬け汁ごとフライパンに入れる。ふたをして中火で約2分、弱火で約1分半～2分、蒸し焼きにする。

3 器に盛り、こしょう、オリーブ油をふる。

かれいの煮つけ

塩麹&甘酒レシピ

甘酒を使えば砂糖なしでもおいしい煮魚ができます。

材料（2人分）

赤かれい……2尾
塩麹……かれいの重さの10％量
玉ねぎ……1個（200g）
：1cm幅に切る
A［甘酒……大さじ3
　 しょうゆ……大さじ1
しょうが……適量
：せん切り

Kokon's memo
魚はかれい以外のお好みの白身魚で作ってもおいしいです。

作り方

1 かれいは塩麹をまぶして冷蔵庫で2〜3時間ねかせる。調理する直前に取り出し、背に切り目を入れる。

2 鍋にA、水½カップ、玉ねぎを入れて火にかけ、煮立ったらかれいを加える。落としぶたをして強火で5〜6分煮る。

3 煮上がったらふたをしてしばらくおき、味をなじませる。食べるときに温め直す。

4 器に盛ってしょうがを添える。

小松菜と油揚げのサッと煮

塩麹レシピ

鍋を火にかけて5分。あっという間にでき上がるスピード料理！

材料（2〜3人分）

小松菜……1束（200g）
：ざく切り
油揚げ……½枚（50g）
：5mm幅の短冊切り
塩麹……大さじ1
ごま油……小さじ½

作り方

鍋に小松菜、油揚げ、塩麹の順に重ね入れて水¼カップを注ぎ、ふたをして中火で約5分煮る。仕上げにごま油を回し入れる。

塩麹レシピ

豚肉と野菜の重ね煮

材料をフライパンに並べるだけ。手間も技術も必要なし。でも味はピカイチ！

材料（2～3人分）

- 豚こま切れ肉 ………… 80g
- にんにく ……………… 1片
  ：みじん切り
- おろししょうが …… 小さじ½
- エリンギ …… 2～3本（100g）
  ：5cm長さにして縦に裂く
- 玉ねぎ ………… ¼個（50g）
  ：薄切り
- トマト ……… 大1個（200g）
  ：ひと口大の乱切り
- 大根 ………… 2cm（100g）
  ：3mm厚さの短冊切り
- 塩麹 ………… 小さじ2と½
- 大葉 ……………… 2～3枚
  ：せん切り
- なたね油 ………… 小さじ2

作り方

1 豚肉は調理する30分前に冷蔵庫から取り出し、塩麹小さじ1と½をまぶしておく。

2 フライパンになたね油、にんにく、しょうが、エリンギ、玉ねぎ、トマト、大根の順に重ね入れ、塩麹小さじ1をふる。上に豚肉をのせて水¼カップを注ぐ。ふたをして中火にかけ、沸騰したら弱火にして約15分蒸し煮にする。大根と豚肉に火が通ったら、全体を軽くかき混ぜる。

3 器に盛り、大葉をのせる。

Kokon's memo
できたてもおいしいけれど、さっぱりめ。しばらくおいてなじませると、味がしみておいしい。

塩麹＆甘酒レシピ

甘酒のすき焼き風

甘酒としょうゆで炊く、やさしい甘さになごみます。

材料（2〜3人分）

牛薄切り肉……80g
塩麹……小さじ1と½
白菜……3〜4枚（150g）
：ざく切り
長ねぎ……約¾本（80g）
：縦半分に切って斜め薄切り
えのきだけ……½袋（50g）
：根元を切ってほぐす
しいたけ……2個（25g）
：石づきを切って半分に切る
焼き豆腐……½丁
：4〜6等分に切る
春菊……⅙束（30g）
：長さ2〜3等分に切る
A［甘酒……大さじ3
　しょうゆ……大さじ2
ごま油……小さじ2

作り方

1 牛肉は調理する30分前に冷蔵庫から取り出して塩麹をまぶしておく。

2 鍋にごま油をひき、白菜、長ねぎ、えのきだけ、しいたけを並べる。Aを加え、ふたをして弱火にかける。野菜から水分が出てぐつぐつと煮えてきたら、焼き豆腐、牛肉を加え、ふたをして煮込む。肉に火が通ったら春菊を加え、さらに1分煮て火を止める。しばらくおき味をなじませる。

塩麹レシピ

じゃがいものサブジ（カレー煮）

インドの家庭料理、カレー味の煮もの。
塩麹は料理の国籍を選びません！

材料（2〜3人分）

じゃがいも …………… 中２個（300g）
：6等分に切る

玉ねぎ ………………… 小１個（130g）
：2cm角に切る

にんにく ………………………… １片
：みじん切り

A
- 塩麹 ………………… 大さじ１
- カレー粉 ……………… 小さじ½
- クミンパウダー ……… 小さじ¼
- コリアンダーパウダー … 小さじ½

なたね油 …………… 大さじ１と½

作り方

1 鍋になたね油とにんにくを入れて中火にかけ、香りが出てきたら玉ねぎを加え、かき混ぜながら弱火で６〜７分炒める。A を加えてさらに１分ほど炒める。

2 じゃがいも、水½カップを加え、ふたをする。ときどきかき混ぜながら、じゃがいもがやわらかくなって煮汁がなくなるまで、弱火で約15分煮込む。

Kokon's memo

クミンやコリアンダーを使うとより本格的な風味になりますが、なければカレー粉だけ（小さじ１と¼）で作ってもおいしくできます。

塩麹&甘酒レシピ

甘酒肉じゃが

みんな大好きな肉じゃがも、甘酒を使って砂糖いらず。

材料（2〜3人分）

- 牛切り落とし肉 …… 150g
- 塩麹 …… 大さじ1
- じゃがいも …… 小2個（250g）
  ：4〜6等分に切る
- 糸こんにゃく …… 200g
  ：3〜4cm長さに切る
- にんじん …… ⅓本（50g）
  ：乱切り
- 玉ねぎ …… 大1個（250g）
  ：くし形切り
- さやいんげん …… 10本（40g）
  ：長さ半分に切る
- A しょうゆ …… 大さじ2
- A 甘酒 …… ¼カップ
- ごま油 …… 小さじ1

作り方

1 牛肉は調理する30分前に冷蔵庫から取り出し、塩麹をまぶしておく。糸こんにゃくは熱湯でサッとゆでてざるに上げる。

2 鍋にごま油を熱し、1の糸こんにゃくを加えて炒める。チリチリした音に変わってきたら、じゃがいも、にんじん、玉ねぎ、さやいんげん、牛肉の順に重ね入れる。水¼カップとAを加え、ふたをして弱火で8〜10分煮込む。

3 じゃがいもに八分通り火が通ったら全体を大きくかき混ぜ、やわらかくなるまでさらに4〜5分煮る。火を止めてそのまましばらくおいて、味をなじませる。

Kokon's memo

できたてよりもしばらくねかせて味をなじませたほうがおいしい。

鶏もも肉とごぼうの炊き合わせ

塩麹レシピ

鶏肉とごぼうは好相性。
こっくり炊けたほくほくのごぼうが◎。

材料（2〜3人分）

- 鶏もも肉 ………1枚
- A
  - 塩麹 ‥鶏もも肉の重さの10％量
  - おろしにんにく ………小さじ¼
- ごぼう …中½本(90g)
- 塩麹 ……小さじ2
- 赤唐辛子 ……少々 ：輪切り

作り方

1 鶏肉は余分な脂を取り除き、ひと口大に切る。Aをまぶして冷蔵庫で5〜6時間ねかせる。調理する30分前に冷蔵庫から取り出して室温にもどす。

2 ごぼうは7㎜幅の斜め切りにする。

3 鍋にごぼう、塩麹を入れて混ぜ合わせ、上に鶏肉、赤唐辛子をのせて水1カップを注ぐ。ふたをして中火にかけ、沸騰したら弱火にしてときどきかき混ぜながら煮汁がほぼなくなるまで15〜20分煮る。

切干大根の煮もの

塩麹レシピ

切干大根のもどし汁には大切なうまみがいっぱい。捨てずに煮汁に活用して。

材料（作りやすい量）

- 切干大根 ……1袋(約40g)
- 玉ねぎ ‥中¼個(50g) ：薄切り
- にんじん ……⅓本弱(40g) ：せん切り
- 油揚げ …½枚(50g) ：3〜4㎝長さのせん切り
- A
  - しょうゆ ‥大さじ1と½
  - 塩麹 …小さじ1

作り方

1 切干大根はサッと水洗いし、ひたひたの水に20〜30分つけてもどす。もどし汁は捨てずにとっておく。

2 鍋に1の切干大根をもどし汁ごと入れ、その上に玉ねぎ、にんじん、油揚げの順に重ね入れる。A、水をひたひたよりやや少なめに加え、ふたをして中火にかける。沸騰したら弱火にして10〜15分煮込む。

3 切干大根が十分にやわらかくなったらふたを取り、少し火を強めてかき混ぜながら煮つめる。

Kokon's memo

できたてよりもしばらくおいて味をなじませたほうがおいしい。好みで、しいたけやしめじなどを加えても。

こんにゃくの甘みそ煮

甘酒レシピ

こんにゃくにからむ甘みそがご飯にもぴったり。

材料（2〜3人分）

- こんにゃく ……1枚
- 長ねぎ …⅓本(30g) ：みじん切り
- 甘酒 ………大さじ2
- 麹みそ ……大さじ1と½
- ごま油 ……小さじ2

作り方

1 こんにゃくは手でひと口大にちぎる。鍋に入れて中火にかけ、かき混ぜながらから炒りする。音がチリチリからバリバリと変わり、表面が白っぽくなるまで5分ほど炒める。

2 1にごま油、長ねぎを加えて炒め合わせる。長ねぎがしんなりしたら甘酒、麹みそを加えて、強火で1分ほど炒め煮する。

甘酒レシピ

山いもと厚揚げのみぞれ煮

大根おろしの水分だけで煮る、なごみの味。

材料（2〜3人分）

山いも……150g
：1.5cm厚さの半月切り

厚揚げ……1枚（150g）
：油抜きして8等分に切る

長ねぎ……1本
：4cm長さに切る

大根おろし……200g
甘酒……大さじ1
しょうゆ……大さじ1と½

作り方

鍋に大根おろしを入れ、その上に山いも、長ねぎ、厚揚げ、甘酒、しょうゆの順に入れる。ふたをして中火にかけ、沸騰したら弱火にして山いもがやわらかくなるまで約10分煮込む。

PART

4

ボリューム満点！ でも
ヘルシーなおかず

いつもの人気メニューも塩麹でグレードアップ！
野菜をたっぷり加えたり、油を減らす工夫をしてあるから
ボリューム満点なのにヘルシー。
塩麹って本当にお得なんです。

餃子 塩麹レシピ

女子にはうれしいにんにく不使用。塩麹のたれをつけて。

材料（25個分）

餃子

豚ひき肉 …… 150g

キャベツ …… 1枚(100g)
：みじん切り

塩麹 …… 小さじ4

にら …… ⅓束(30g)
：みじん切り

A［おろししょうが …… 小さじ½
　ごま油 …… 小さじ½

餃子の皮 …… 25枚

なたね油 …… 大さじ1

塩麹だれ

塩麹・米酢 …… 各大さじ1

ラー油 …… 小さじ¼

作り方

1 ひき肉は塩麹小さじ2を混ぜて冷蔵庫で30〜1時間ねかせる。キャベツは塩麹小さじ2をもみ込み、しんなりしてきたら軽く絞る。

2 ボウルに1のひき肉とキャベツ、にら、Aを合わせてよく練り混ぜる。餃子の皮で包む。

3 フライパンを熱し、なたね油を半量入れて弱火にする。2の餃子を半量並べて水大さじ3を加え、ふたをして強火で1分、弱火で4分ほど蒸し焼く。水分がなくなり、餃子の底に香ばしい焼き色がついたら皿に取る。残り半量も同様に焼く。

4 塩麹だれを作る。塩麹をすり鉢でよくすりつぶし、米酢、ラー油を加えてよくすり混ぜる。器に3の餃子を盛り、たれを添える。

塩麻婆なす

塩麹レシピ

なすを揚げないから大幅カロリーオフ。

材料（2～3人分）

なす……3個（230g）
豚こま切れ肉……60g
塩麹……小さじ1

A
- 塩麹……大さじ1
- ごま油……小さじ1

B
- おろししょうが……小さじ1
- おろしにんにく……小さじ½
- 粉唐辛子……小さじ¼～½（好みで加減する）
- ごま油……大さじ1

しいたけ……4個（50g）
：石づきをとってみじん切り
長ねぎ……½本（50g）
：みじん切り
片栗粉……小さじ2
こしょう……少々

Kokon's memo

豚こま切れ肉を使って存在感を出しているので、肉が少量でも食べごたえがあります。

作り方

1 豚肉は調理する30分前に冷蔵庫から取り出し、粗みじん切りにして、塩麹をまぶしておく。なすは縦4等分、長さ半分に切る。Aをあえて数分おく。

2 フライパンにBを入れて中火にかける。チリチリしてきたら、しいたけと長ねぎ、豚肉を加えて炒め合わせる。豚肉に火が通ったら、なすと水¾カップを加えてふたをして、弱火で約10分蒸し煮にする。

3 なすが十分やわらかくなったら、片栗粉を水大さじ2で溶いて回し入れる。ダマにならないようにへらで素早くざっくり混ぜる。とろみがついたら1分煮込んで火からおろす。好みでこしょうをふりかける。

塩麹レシピ

鶏胸肉の塩麹ソテー

酵素の力でお肉がふっくら。塩麹の威力がいちばんわかる麹料理の定番。

材料（2～3人分）

鶏胸肉……………………………1枚
A［塩麹……鶏胸肉の重さの10％量
　 おろしにんにく…………小さじ½
サラダ菜…………………………適量
なたね油…………………………大さじ1

Kokon's memo
鶏胸肉を観音開きにしてフォークで刺すのは、火の通りを早く、均一にするため。塩麹が表面について焦げつきやすいため、火加減はごく弱火に。塩麹で肉を漬け込むときに、好みのハーブやカレー粉を加えると、いろいろなアレンジが楽しめます。

作り方

1 鶏肉は観音開きにして厚みを均一にし、フォークで数か所刺す。Aをよくすり込み、5～6時間冷蔵庫でねかせる。焼く30分前に冷蔵庫から取り出し、室温にもどす。

2 フライパンになたね油を熱し、鶏肉を皮目から入れる。ふたをして弱火で5～6分蒸し焼きにし、焼き色がついたら裏返して、さらに5～6分蒸し焼きにする。中まで火が通ったら取り出し、粗熱が取れるまでしばらくおく。

3 食べやすい大きさに切り、器に盛り、サラダ菜を添える。

しょうゆ麹レシピ

鶏手羽先のしょうゆ麹焼き

しょうゆ麹にもお肉をやわらかくする力があります！　ふわふわジューシーな焼き上がり。

材料（2～3人分）

鶏手羽先………………8本（400g）
A［しょうゆ麹…………大さじ2
　 おろしにんにく…………小さじ¼
　 おろししょうが…………小さじ½

麹で漬け込んだ肉の表面は焦げつきやすいので、注意しながら弱火で焼きます。黒く焦げそうなら、ホイルなどをかぶせて調節しましょう。
Kokon's memo

作り方

1 Aを合わせて手羽先によくすり込み（しょうゆ麹は麹の粒を指先でつぶすようにすり込む）、冷蔵庫で5～6時間ねかせる。焼く30分前に冷蔵庫から取り出し、室温にもどす。

2 手羽先は表面についた麹の粒を軽く拭き取り（多少残ってもよい）、グリルの弱火で両面各7分ほど焼き、中まで火を通す。

塩麹レシピ

ビーフピカタ

車麸で薄切り肉をボリュームアップ！　カロリーカットにも。

材料（2～3人分）

牛薄切り肉……100g
おろしにんにく……小さじ¼
車麸（スライス）……2枚
塩麹……小さじ4
溶き卵……2個分
なたね油……適量

作り方

1 牛肉は調理する30分前に冷蔵庫から取り出し、にんにく、塩麹小さじ2をまぶしておく。車麸は水でもどし、水けをしっかり絞って4等分にし、塩麹小さじ2をまぶして30分～1時間室温におく。

2 牛肉を広げて車麸を1切れずつ巻き込む。薄くなたね油をひいたフライパンを中火で熱し、肉の閉じ目を下にして並べて焼く。途中転がしながら肉全体に火を通す。肉に十分火が通ったら、いったん取り出す。

3 フライパンをきれいに洗い、再び中火にかけてなたね油を薄くひく。2の肉を溶き卵にくぐらせて焼く。転がしながら全体を焼き、卵が固まったら再び溶き卵にくぐらせて焼く、を卵液がなくなるまで繰り返す。

Kokon's memo

大豆の代わりにとうもろこしを入れてもおいしい。きのこはエリンギ、しいたけ、しめじなどお好みのものを使用して。

塩麹レシピ

畑の恵みバーグ

100%植物性。子供も喜ぶおいしさです。

材料（2～3人分）

じゃがいも …………大1個(200g)
玉ねぎ ………………………⅓個(60g)
：みじん切り
きのこ(お好みのもの) …………50g
：みじん切り
大豆(水煮) …………………………30g
A［塩麹 ……………………小さじ2
　 しょうゆ ………………小さじ½
焼き麩 ………………………………5g
：指で粗くつぶす
なたね油 ……………………………適量

作り方

1 じゃがいもはすりおろし、ざるに上げる。やさしく手で押さえながら水けをきる。きった水分は取っておき、しばらくおいてデンプン質が沈殿するのを待つ。デンプン質が沈殿したら上澄みは捨てる。

2 フライパンになたね油大さじ1を熱し、玉ねぎ、きのこ、大豆を炒める。玉ねぎが少し透き通ってきたら、Aを加える。玉ねぎが十分しんなりするまでさらに4～5分炒めて、火からおろし、粗熱を取る。

3 ボウルに1のじゃがいも、デンプン質、焼き麩、2を混ぜ合わせ、6～8等分の小判形に丸める。

4 フライパンになたね油を適量熱し、3を弱火で両面こんがり焼く。

豆腐ハンバーグ

塩麹レシピ

素材の甘みが口の中にふわっと広がります。

材料（2人分）

木綿豆腐	⅓丁（100g）
：ひと口大にちぎる	
合いびき肉	100g
塩麹	小さじ4
玉ねぎ	小½個（80g）
：みじん切り	
にんじん	⅕本（30g）
：みじん切り	
しめじ	⅓パック（30g）
：根元を切ってみじん切り	
にんにく	1片
：みじん切り	
A トマトジュース	¾カップ
A 塩麹	小さじ2
A しょうゆ	小さじ1
こしょう	少々
プチトマト	適宜
クレソン	適宜
なたね油	大さじ2と½

作り方

1 豆腐に塩麹各小さじ2をまぶし、5〜6時間冷蔵庫でねかせる。

2 フライパンになたね油大さじ1と½を熱し、野菜をすべて加え、玉ねぎが軽く色づくまで弱火で4〜5分炒める。器に取り出して冷まし、冷蔵庫で冷やす。

3 1の豆腐の水けをきり、ひき肉、塩麹小さじ2と2の野菜を合わせて、よく練り混ぜ、冷蔵庫で30分ほどねかせる。焼く直前に冷蔵庫から取り出し、2等分して、約1.5cm厚さの小判形に整える。

4 フライパンになたね油大さじ1を熱して3のハンバーグを入れ、ふたをして弱火で両面を約3分ずつ焼く。竹串を刺して透明な肉汁が出てきたら、取り出す。

5 ソースを作る。4の肉汁が残ったフライパンにAを加え、中火にかける。沸騰してきたら弱火にし、4〜5分煮つめる。とろみがついたら火を止め、こしょうをふる。器に4のハンバーグを盛り、ソースをかける。プチトマト、クレソンを添える。

大豆ナゲット　塩麹レシピ

揚げたてはふわっふわ。冷めたらもっちり。お弁当にも◎。

材料（2人分）

大豆（水煮）……1カップ
えのきだけ…1袋（100g）

A
- 塩麹…大さじ1と½
- 小麦粉………35g
- ベーキングパウダー………小さじ½
- こしょう……少々

揚げ油（なたね油）…適量

作り方

1 大豆とえのきだけは、それぞれフードプロセッサーにかけてみじん切りにする（大豆はねばりが出る直前で止める）。

2 ボウルに1、Aを入れて、手でよく混ぜ合わせる。丸めて直径3cmの円盤形に整える。

3 揚げ油を約160℃に熱し、2を入れてきつね色になるまで揚げる。

Kokon's memo
中まで火が通るとまん中がふくらむので、揚げ上がりの目安にするとよい。

野菜のフリッター　塩麹&甘酒レシピ

甘酒の入った揚げ衣はほんのり甘くて香ばしい。我が家の子供の大好物。

材料（2〜3人分）

かぼちゃ……⅒個（80g）
：5mm厚さの薄切り
グリーンアスパラ…3本
オクラ……………4本

A
- 小麦粉………50g
- ベーキングパウダー………小さじ½

B
- 塩麹……小さじ1
- 甘酒……大さじ2

揚げ油（なたね油）…適量

作り方

1 グリーンアスパラは根元1.5cmを切り落とし、下から4〜5cmの皮を薄くむいて長さを2〜3等分する。

2 衣を作る。ボウルにAを入れて泡立て器でよく混ぜ合わせる。B、水大さじ4を加えて、箸でさっくりと混ぜる。

3 揚げ油を160〜170℃に熱し、2の衣にくぐらせた野菜を入れる。途中でひっくり返し、全体がきつね色になり、野菜に火が通るまで揚げる。網や紙の上に取り、油をきる。

Kokon's memo
甘酒の入った衣は焦げやすいので、油の温度に注意（温度が上がりすぎないように火加減は弱火〜中火に）。野菜はさつまいも、じゃがいも、れんこん、ブロッコリーなどでも。水分の出にくい野菜が揚げやすい。

塩麹レシピ

焼きさばの南蛮漬け

さばは揚げずに焼くからさっぱりとした仕上がり。

材料（2人分）

さば（3枚おろし）……半身
塩麹……さばの重さの10％量
玉ねぎ……¼個（50g）
：薄切り
三つ葉……⅓束（30g）
：3㎝長さのざく切り
にんじん……⅛本（20g）
：3㎝長さのせん切り
A
- 塩麹……小さじ2
- 米酢……大さじ1
- ごま油……小さじ1

作り方

1 さばは1.5㎝厚さのそぎ切りにし、塩麹をまぶして冷蔵庫で2〜3時間ねかせる。グリルの弱火で焼く。

2 ボウルにすべての野菜を合わせて、Aを加えてよく混ぜる。

3 密閉容器に2の半量を敷き、1のさばをのせ、残りの2の野菜をかぶせる。表面をラップでぴったりと覆い、ふたをして冷蔵庫で4〜5時間ねかせる。

Kokon's memo

塩麹で下味をつけた魚は焼くと焦げつきやすいので、薄めの切り身にすると火の通りが早く、焦げつきを防げます。さばを焼くときは焦げつかないように弱火にして。

塩麹レシピ

いかとれんこんの塩麹炒め

いかの自然な甘さがやみつきになる味。

材料（2〜3人分）

するめいか……1ぱい
：わたを取り除く
塩麹……するめいかの正味の重さの10％量
れんこん……⅓節（100g）
：5㎜厚さの半月切り
赤唐辛子……少々
：輪切り
塩麹……小さじ1
なたね油……小さじ2

作り方

1 いかはぶつ切りにして塩麹をまぶし、冷蔵庫で2〜3時間ねかせる。

2 フライパンになたね油と赤唐辛子を入れて中火にかける。チリチリしてきたられんこんを加えてサッと炒め、塩麹小さじ1を加えてひと混ぜする。いかと水大さじ3を加えてふたをし、ときどきかき混ぜながら弱火で約3分蒸し煮にする。れんこんといかに火が通ったら、火を止めて器に盛る。

塩麹レシピ

鮭のオーブン焼き

色みも鮮やかなごちそうレシピ。

材料(2人分)

生鮭切り身……2切れ
塩麹……生鮭の重さの10%量
玉ねぎ……小½個(60g)
:薄切り
キャベツ……1と½枚(130g)
:せん切り
グリーンアスパラ……2本
:3cm長さに切る
オリーブ油……小さじ2

作り方

1 鮭は塩麹をまぶして冷蔵庫で2〜3時間ねかせる。

2 ボウルに野菜をすべて合わせ、オリーブ油を混ぜ合わせる。

3 耐熱皿に2の野菜を敷き、1の鮭をのせる。200℃に予熱したオーブンで約20分焼く。

Kokon's memo

塩麹に漬け込んだ魚はフライパンだと焦げつきやすいが、オーブンならきれいに焼けます。トースターやコンロのグリルなどで、アルミホイルを敷いた上に材料を並べて15〜20分焼いても。途中焦げつきそうなときは、アルミホイルをかぶせるなど調節を。

塩麹レシピ

まだいのホイル焼き

下ごしらえさえすれば、1人分ずつ焼けるので、いつでもできたてが食べられます。

材料(2人分)

まだい切り身……2切れ
塩麹……まだいの重さの10%量
えのきだけ
:根元を切り、ほぐして4cm長さのざく切り……⅔袋(60g)
しめじ……⅔パック(60g)
:根元を切りほぐす
長ねぎ……½本(50g)
:縦半分に切って斜め薄切り
プチトマト……4個
:半分に切る

作り方

1 まだいは塩麹をまぶして冷蔵庫で2〜3時間ねかせる。焼く直前に皮目に切り込みを入れる。

2 25×40cmのアルミホイルに、えのきだけ、しめじ、長ねぎ、まだい、プチトマトの順に、それぞれ半量ずつ重ね入れて包み込む。残り半量も同様に包む。

3 960Wのオーブントースターで2を約15〜20分焼く。

Kokon's memo

白身魚の身はやわらかいので、塩麹に漬けて焼くと、身がほぐれやすく扱いにくいのですが、ホイルで蒸し焼きにすれば簡単。形が崩れずに、きれいに調理できます。ほかにたら、すずきなどの白身魚でも。

column 2

空前の発酵食ブーム。人気の背景には、料理の幅が広がり、使い勝手のよさに加え、健康効果も期待できることなどがあります。

減塩にも役立つ麹

通常のしょうゆの塩分濃度約16%に対し、塩麹は約13%、しょうゆ麹は約10%。しかも塩麹、しょうゆ麹はうまみ成分を多く含むので、少ない使用量で十分なおいしさを得られます。例えば、白菜100gを漬けものにする場合、通常は約3gの塩を使いますが、代わりに10gの塩麹で漬ければ、塩分量はたったの1.3gですみます。さらに塩分のない甘酒も活用してコクを加えればおいしい減塩食が簡単に作れます。

麹で無理なく減糖

減塩と並んでぜひ気をつけていただきたいのは「砂糖の摂取量」です。砂糖のとりすぎはさまざまな生活習慣病を引き起こすといわれています。現在ではあらゆる食品に砂糖が使われ、現代人は慢性的な砂糖摂取過多。毎日の食事には砂糖を使わない工夫が大事です。麹料理は素材の甘みを引き立てるので、砂糖を使わなくても十分な甘みを得ることができます。おいしく麹料理を食べているうちに素材の自然な甘みが心地よく感じられるようになり、自然と砂糖を使わなくなりますよ。

塩麹だけじゃない！ まだまだ広がる麹料理の楽しみ

甘酒やしょうゆ麹なども取り入れると、麹料理の楽しみがグンと広がります。
塩麹よりも簡単に仕込めるしょうゆ麹もおいしいと密かに人気が高まっています。塩麹と同様に酵素やうまみ成分が豊富なので、肉をやわらかくしたり、素材のうまみを引き立てます。ご飯にそのままのせたり、薬味を混ぜて豆腐やそうめんのたれにも。チャーハンや煮ものの味つけに使うと普通のしょうゆを使うよりも複雑で奥行きのある味になります。使用量の目安も塩麹と同様にするとよいでしょう。
甘酒は砂糖の代わりに使うと料理にやさしい甘みとコクを添えるので、和食特有の甘みを補うのにも役立ちます。甘酒にしょうゆを組み合わせるとこっくりとしたみたらし味に、酢と合わせるとさわやかなドレッシングや酢のもの、寿司酢に。みそと合わせると濃厚な甘みそだれになります。

PART 5

ほっこりおいしい スープ&鍋

スープに溶け出た野菜と麹のうまみが融合して
誰もがホッと癒される優しい味に。
煮込み時間や素材、調理方法によって
さまざまに変化する味わいは
何度食べても感動ものです。

カロチンスープ

白菜と白いんげん豆の
塩麹スープ

レンズ豆のスープ

カロチンスープ 塩麹レシピ

ビタミンカラーがきれいな元気になるスープ。

材料（2〜3人分）

玉ねぎ……¼個（50g）
：粗みじん切り
えのきだけ……½袋（50g）
：2cm長さのざく切り
にんじん…⅔本（100g）
：薄い半月切り
かぼちゃ……⅛個（100g）
：5mm厚さのひと口大に切る
塩麹……大さじ1
なたね油…大さじ1

作り方

1 鍋になたね油を熱し、玉ねぎを入れて中火で2〜3分炒める。透き通ってきたら、えのきだけを加えてしんなりするまで1分ほど炒める。にんじん、かぼちゃ、水1カップを加え、ふたをして弱火で5〜6分蒸し煮にする。

2 にんじんがやわらかくなったら1をミキサーに移し、塩麹を加えて撹拌する。ピューレ状になったら鍋にもどす。ミキサーは水½カップを入れてサッと撹拌し、内側に残った分も無駄なく鍋に移す。

3 鍋を中火にかけて混ぜながら温め、煮立ってきたら弱火にして2〜3分煮る。

白菜と白いんげん豆の塩麹スープ 塩麹レシピ

やさしい味わいの具だくさんスープ。

材料（3〜4人分）

白菜……⅕個（200g）
：ざく切り
白いんげん豆（乾燥）……50g
玉ねぎ…½個（100g）
：粗みじん切り
山いも……100g
：4mm厚さの半月切り
にんにく……2片
：みじん切り
塩麹……大さじ2
なたね油…小さじ2

加熱時間やコンロの火力によって煮汁の煮つまり方が異なるので、適宜水と塩麹の量を加減し、好みの味に調整して。玉ねぎはきつね色にならない程度に炒めるとスープが色よく仕上がります。

Kokon's memo

作り方

1 白いんげん豆はたっぷりの水に1日つけてもどし、ざるに上げて水けをきる。鍋に入れ、水3カップを入れて中火にかける。沸騰したら弱火にして、やわらかくなるまで30分ほどゆでる。火を止めてそのまま煮汁につけておく（煮汁は捨てない）。

2 別の鍋になたね油、にんにくを入れて中火で炒める。チリチリしてきたら玉ねぎを加えて炒める。玉ねぎがしんなりして透き通ってきたら、白菜、山いも、塩麹の順に重ね入れ、1の白いんげん豆を汁ごと加える。

3 水1〜2カップを注ぎ、ふたをして中火で煮込む。沸騰したら火を弱め、15分ほど煮込む。野菜がやわらかくなったら、火からおろしてしばらくおき、味をなじませる。食べる前に温め直す。

レンズ豆のスープ 塩麹レシピ

赤レンズ豆はすぐ煮えるからとっても便利。

材料（2〜3人分）

赤レンズ豆……60g
えのきだけ……⅓袋（30g）
：みじん切り
長ねぎ…⅔本（60g）
：みじん切り
塩麹……大さじ1

作り方

鍋にすべての材料を入れ、水1と¾カップを注いで中火にかける。沸騰したら弱火にしてレンズ豆がやわらかくなるまで10分ほど煮込む。

塩麹レシピ

海鮮トマト鍋

海の恵みのうまみがたっぷり溶け出た
トマトスープが最高。

材料（2〜3人分）

えび（有頭）……6尾
塩麹……えびの重さの10％量
はまぐり……6〜8個
玉ねぎ……¼個（50g）
：みじん切り
にんにく……2片
：みじん切り
キャベツ……3枚（300g）
：ざく切り
しいたけ……3個（40g）
：石づきを落として半分に切る
しめじ……½パック（50g）
：根元を切り落としてほぐす
まいたけ……½パック（40g）
：ひと口大にほぐす
A
トマトジュース（食塩不使用）……1カップ
水……1カップ
塩麹……大さじ1と½
オリーブ油……大さじ2

作り方

1 えびは塩麹をあえて冷蔵庫に2〜3時間おく。

2 鍋にオリーブ油を熱し、1のえびを中火で両面炒め、殻の色が変わったら取り出す。

3 2の鍋に、玉ねぎ、にんにくを入れて弱火で炒める。香りが出てきたらキャベツ、きのこ類を重ね入れ、Aを注いでふたをして5分ほど煮込む。

4 キャベツがやわらかくなってきたら、2のえびを戻し入れ、はまぐりを加えてふたをして殻が開くまで2〜3分煮込む。

Kokon's memo

残った煮汁はご飯やパスタを加えたりして、1滴残さず楽しみましょう。具材が一度に鍋に入らないときは、食べながら途中で加えればOK。

ホワイトシチュー　塩麹レシピ

乳製品も小麦粉も使いません。野菜だけでこんなにクリーミーなのは塩麹のおかげ。

材料（2～3人分）

基本のホワイトソース

キャベツ……1～2枚（100g）
：せん切り

えのきだけ……1袋（100g）
：根元を落としてざく切り

にんにく……2片
：みじん切り

豆乳（成分無調整）……1カップ
塩麹……大さじ1と½
なたね油……大さじ1

具材

にんじん……⅓本（50g）
：ひと口大の乱切り

大根……2cm（90g）
：ひと口大の乱切り

塩麹……小さじ2
じゃがいも……1個（150g）
：ひと口大に切る

ブロッコリー……½株（130g）
：小房に分ける

作り方

1 ホワイトソースを作る。鍋になたね油をひき、にんにくを入れて中火にかける。チリチリしてきたらキャベツを加え、弱火で炒める。

2 キャベツがしんなりしてきたらえのきだけ、水½カップを加え、ふたをして弱火で7～8分ほど煮込む。ミキサーに移し、豆乳、塩麹を加えて撹拌する。

3 別の鍋に具材のにんじん、大根、塩麹、水½カップを入れて中火にかけ、沸騰したら弱火にして煮込む。大根に八分通り火が通ったらじゃがいもを加える。

4 じゃがいもに八分通り火が通ったらブロッコリーを加え、ブロッコリーに七分通り火が通ったら火を止める。

5 4に2のホワイトソースを加えて混ぜ、中火にかける。混ぜながら加熱し、沸騰直前で火を止める。

Kokon's memo

基本のホワイトソースは下記のポタージュスープにも応用できます。

きのこのポタージュスープ　塩麹レシピ

基本のホワイトソースをちょっとアレンジすれば、クリーミーなポタージュスープに！

材料（3～4人分）

基本のホワイトソースの材料……上記と同量
豆乳（成分無調整）……½カップ
粗びき黒こしょう……少々
オリーブ油（エキストラバージン）……適量

作り方

1 上記のホワイトシチューの作り方1、2のとおりに基本のホワイトソースを作り、鍋に入れる。

2 豆乳を加えて中火にかけ、混ぜながら加熱する。沸騰直前に火からおろして器に盛り、好みでこしょうをふり、オリーブ油を垂らす。

Kokon's memo

ホワイトシチューもきのこのポタージュスープも、グラグラ煮立てるとスープがもろもろになるので、注意して。

塩麹レシピ

キャベツと豚肉の蒸し鍋

たっぷりのキャベツが蒸すとぺしゃんこに。
野菜をたっぷり食べられます。

材料（3〜4人分）

- 豚こま切れ肉 …… 150g
- 塩麹 ………… 大さじ1
- キャベツ … ¾個（500g）
  ：ざく切り
- 長ねぎ ……… 1本（90g）
  ：1cm厚さの斜め切り
- しょうが … ½かけ（5g）
  ：せん切り
- にんじん …… ⅓本（50g）
  ：5㎜厚さの輪切り
- さつまいも …½本（90g）
  ：5㎜厚さの輪切り
- 甘酒ごまだれ・ねぎ塩だれ ［作り方P91・93］‥ 適量

作り方

1. 豚肉は調理する30分前に冷蔵庫から取り出し、塩麹をまぶしておく。
2. 鍋にキャベツ、長ねぎ、豚肉、しょうが、にんじんを各半量ずつ順に重ね、残りも同様に重ねる。最後にさつまいもをのせ、水1カップを注ぐ。ふたをして弱火で25〜30分、キャベツがやわらかくなり、さつまいもと豚肉に火が通るまで蒸し煮にする。
3. 器に盛り、食べるときに甘酒ごまだれ、ねぎ塩だれを好みでかける。

塩麹レシピ

納豆と豆腐のチゲ

ささっとできる簡単チゲ。納豆＆塩麹のコンビでいいコク出ます！
納豆くささもやわらぎます。

材料（2〜3人分）

ひきわり納豆……1パック（40g）
絹ごし豆腐……1丁（300g）
えのきだけ……2袋（200g）
長ねぎ……½本（50g）
A
　おろししょうが……小さじ1
　おろしにんにく……小さじ¼
　粉唐辛子……小さじ¼
　ごま油……小さじ2
塩麹……大さじ2

作り方

1　豆腐は6〜8等分する。えのきだけは石づきを切り落とし、長ねぎとともにみじん切りにする。

2　鍋にAを入れて軽く混ぜて中火にかける。チリチリしてきたら水1と½カップ、豆腐以外の残りの材料をすべて加え、ふたをして強火で煮る。

3　沸騰したら豆腐を加え、再び煮立ったら火を止める。

塩麹レシピ

白菜湯豆腐

白菜の甘みが際立つシンプルメニュー。

材料（2～3人分）

白菜……………………$\frac{1}{3}$個（350g）
：ひと口大のざく切り

絹ごし豆腐……………1丁（300g）
：やっこに切る

しいたけ………………2個（25g）
：石づきを取り4等分する

塩麹……………………大さじ1

麹ソース黒［作り方P94］………全量

作り方

1 鍋に白菜、しいたけ、水1と$\frac{1}{2}$カップ、塩麹を入れ、ふたをして中火にかける。沸騰したら弱火にして白菜がやわらかくなるまで煮込む。ざっくり混ぜて豆腐を加え、豆腐が温かくなったら火を止める。

2 器に盛り、食べるときに麹ソース黒を適量かける。

塩麹&甘酒レシピ

ブラウンシチュー

野菜だけで作る、まったりシチュー。

材料（2〜3人分）

玉ねぎ …………1個（200g）
：みじん切り

にんにく ……………… 2片
：みじん切り

A
- パプリカパウダー ……………小さじ½
- オールスパイス……少々
- こしょう …………少々

B
- トマト缶 …………½缶
- 水…………1と¼カップ
- しょうゆ ………大さじ1
- 塩麹・甘酒…各大さじ2

しめじ ………½パック（50g）
：石づきを切り落としてほぐす

にんじん ………… ⅖本（60g）
：5㎜厚さの半月切り

じゃがいも …… 中1個（150g）
：4〜6等分に切る

なたね油…………大さじ2

作り方

1 鍋になたね油、にんにくを入れて中火にかける。香りが出てきたら玉ねぎを加え、弱火でじっくり炒める。玉ねぎがあめ色になってきたらAを加えて1〜2分炒める。

2 ミキサーに1、Bを入れて撹拌する。

3 別の鍋に残りの野菜、きのこと水1カップを入れて中火にかける。沸騰したら弱火にし、じゃがいもがやわらかくなったら2を加え、ときどき混ぜながら弱火で10〜15分煮込む。

PART 6

塩麹で〆が
もっとおいしく！
ご飯と麺

麹のお陰で料理がレストラン並みのおいしさに！
手間いらずで、お酒の〆にも、
メインのおかずにもおすすめです。
みんな大好き、お父さんも子供も
「おいしい！」とほおばる
我が家のお助けメニューたちです。

塩麹レシピ

塩麹の豆腐どんぶり

東北地方の伝統食「だし」からヒントを得た「塩麹だし」のぶっかけごはん。

材料(約2〜3人分)

塩麹だし

A
- きゅうり……½本(50g)
- 万能ねぎ……3本(15g)
- 大葉……3枚
- みょうが……1個(15g)
- にら……2本(20g)
- しょうが……2〜3枚
  ：薄切り
- オクラ……4本(35g)
- 刻み昆布……5g
- 塩麹……大さじ2
- ごま油……小さじ½
- 米酢……小さじ1
- 一味唐辛子……少々

レタス……2〜3枚
：太めせん切り
梅酢……小さじ1と½
絹ごし豆腐……1丁(300g)
ご飯……適量
：粗熱を取ったもの
トマト……⅓個(60g)
：さいの目切り

作り方

1 Aの野菜をすべてみじん切りにしてボウルに入れ、刻み昆布、残りの調味料類と混ぜ合わせて塩麹だしをつくる。

2 レタスは梅酢であえる。豆腐はフォークなどで崩す。

3 器にご飯を盛り、レタス、豆腐、1の塩麹だしを順にのせ、トマトをのせる。

塩麹だしやレタスなどから出る汁には栄養が溶け出ています。汁ごとご飯にかけて、残さずいただきましょう。
暑い季節、食欲のないときでも、するっとのどごしよくいただける夏バテ防止メニュー。麹パワーで精がつきます。

Kokon's memo

塩麹レシピ

トマトライス

トマトジュースでご飯を炊く、しみじみおいしいごちそうピラフ。

材料(3〜4人分)

鶏もも肉……80g
：1.5cm角のぶつ切り
塩麹……小さじ1と½
米……2合

A
- 塩麹……大さじ1と½
- トマトジュース(食塩不使用)……¾カップ

にんじん……⅓本(50g)
：5mmの角切り
エリンギ……2本(70g)
：5mmの角切り
枝豆……正味70g
：さやから出す

作り方

1 鶏肉はボウルに入れて塩麹とあえ、冷蔵庫に5〜6時間おく。ご飯を炊く30分前に取り出し、室温にもどす。

2 米はといで30分ほど浸水させてから、ざるに上げて水けをきり、炊飯器の内釜に入れる。Aを加え、水を2合の目盛りまで注ぐ。1の鶏肉、にんじん、エリンギ、枝豆をのせて炊飯する。

塩麹レシピ

きのこご飯

味つけは塩麹だけ。シンプルだけど味わい深いのは、
きのこと塩麹のうまみが複雑にからみ合うから。

材料（3〜4人分）

米 …… 2合
えのきだけ …… ¼袋（25g）
しいたけ …… 2個（25g）
まいたけ …… ¼パック（25g）
にんじん …… 2cm（20g）
塩麹 …… 大さじ2と½
刻み昆布 …… 5g
ごま油 …… 小さじ1

作り方

1 米はといで30分ほど水に浸す。

2 えのきだけは石づきを切り落として3cm長さのざく切りにし、ほぐす。しいたけは石づきを切り落として薄切り。まいたけはほぐしておく。にんじんは拍子木切りにする。

3 米をざるに上げて水けをきり、炊飯器の内釜に入れる。塩麹を加え、水を2合の目盛りまで注いでひと混ぜする。残りの材料をのせて炊飯する。

つけ合わせに

塩麹の浅漬け

材料（3〜4人分）

大根 …… 3cm（100g）
赤唐辛子 …… 1本
：輪切り
塩麹 …… 小さじ2〜大さじ1弱
（好みで加減する）

作り方

1 大根は5mm厚さのいちょう切りにする。

2 すべての材料を混ぜ合わせ、ビニール袋に入れて密封し、1日おく。冷蔵庫で保存する。

Kokon's memo

日ごとに熟成がすすみ味わいが変化します。10日を目安に食べきるように。浅漬けをするときの塩麹の量は野菜の重量の10〜15%を目安に好みで加減をして。塩分を気にする人は赤唐辛子などで辛みを添えると少ない塩分量でもおいしく食べられます。

塩麹レシピ

いり豆の炊き込みご飯

節分の豆が余ったら必ず作る一品。
いり豆の香ばしさがお気に入り。

材料（3〜4人分）

米 …… 2合
炒り豆 …… ¼合
塩麹 …… 大さじ1と½
刻み昆布 …… 5g

作り方

米はといで30分ほど浸水させてから、ざるにあげて水けをきり、炊飯器に入れる。いり豆、塩麹を入れ、水を2合の目盛りより少し多めに加える（いり豆の分も米の分量に加える）。最後に刻み昆布を加えて炊飯する。

麹ちらし寿司　塩麹&甘酒レシピ

甘酒を使えば、砂糖不使用の
おいしい寿司飯ができ上がります。

材料（3〜4人分）

- 麹寿司飯［作り方下記］……2合分
- 干しえび（無着色）……大さじ2
- 大葉……5枚
- 三つ葉……適量
- にんじんの塩麹煮［作り方下記］……全量
- 白いりごま……小さじ2
- 刻みのり……適量
- 甘酒いり卵［作り方下記］……全量

作り方

1 干しえびはフライパンで約1分ほど弱火でからいりする。大葉は2cm長さのせん切りにする。

2 寿司飯ににんじんの塩麹煮、1の干しえび、大葉、白いりごまを混ぜ合わせる。

3 器に盛り、刻みのりをのせる。甘酒いり卵を散らし、三つ葉の葉を飾る。

麹細巻き　塩麹&甘酒レシピ

やさしい甘みの寿司飯だから、
ついつい後をひいてつまんでしまいます。

材料（各4本分）

- 麹寿司飯［作り方下記］……2合分
- 焼きのり（全型）……4枚

梅・山いも巻き

- 山いも……60g
- 梅干し……1〜2個

かっぱ巻き

- きゅうり……1本（90g）
- 練りわさび……適量

作り方

1 山いもは1cm角の棒状に切る。梅干しは種を除いて果肉をたたく。きゅうりは縦半分に切って斜め薄切りにする。焼きのりは長いほうを半分に折って2等分する。

2 麹寿司飯を8等分する。巻きすに焼きのり½枚（ざらついた面が上）を横長におく。巻き終わり1.5cmを残して、寿司飯⅛量をまんべんなく広げる。巻き終わりの端は少し高く盛っておく。

3 梅・山いも巻きは梅肉¼量を塗り広げ、山いも¼量を中心にのせる。かっぱ巻きはわさびを塗り広げ、きゅうり¼量を中心にのせる。

4 具を指先で押さえながら、巻きすの手前を持って、のりを巻き込む。巻きすの上から押さえて四角く形を整える。残りも同様に作る。

5 包丁を濡れ布巾で拭き、手前に引くような要領でひと口大に切る。

基本の寿司飯と具材

麹寿司飯

材料（3〜4人分）

- 米……2合
- A
  - 米酢……大さじ4
  - 甘酒……大さじ4
  - 粗塩……小さじ1と½

作り方

1 米はといで30分ほど水に浸し、炊飯する。

2 合わせ酢を作る。小鍋にAを入れて中火にかけ、混ぜながら温める。鍋肌がチリチリして湯気が立ってきたら火からおろす。

3 ご飯が炊けたら寿司桶にあけ、温かい2を加える。しゃもじで切るように混ぜ、大体混ざったらうちわであおいでさらに混ぜ、味をなじませる。

甘酒いり卵

材料（麹ちらし寿司1回分）

- 卵……2個
- 甘酒……大さじ3
- 塩麹……小さじ1
- なたね油……小さじ2

作り方

1 ボウルに卵を溶き、甘酒、塩麹を混ぜ合わせる。

2 フライパンになたね油を熱し、1の卵液を流し入れる。菜箸4〜6本ですばやく混ぜながら、弱火で細かいそぼろ状になるまでいりつける。

にんじんの塩麹煮

材料（麹ちらし寿司1回分）

- にんじん……⅓本（50g）
- 塩麹……小さじ1
- 水……大さじ1

作り方

1 にんじんは1.5cm長さの拍子木切りにする。

2 鍋にすべての材料を入れて混ぜ、弱火で5分蒸し煮する。水分がなくなり、にんじんがやわらかくなったら火からおろす。

Kokon's memo

麹寿司飯
合わせ酢とご飯を混ぜるとき、最初からうちわであおがず、8割がた混ざってからあおぐとしっかりと味がなじんでよい。

甘酒いり卵
甘酒入りの卵は焦げつきやすいので火加減に注意する。

麹カレー

塩麹&甘酒レシピ

ルーもお肉も使わないのにこのうまみ。
塩麹、甘酒、しょうゆが織りなす味のハーモニー。

材料（2〜3人分）

玉ねぎ……1個（200g）
：みじん切り

えのきだけ……½袋（50g）
：みじん切り

にんじん……⅓本（50g）
：みじん切り

りんご……¼個（60g）
：みじん切り

じゃがいも……中⅓個（50g）
：2〜3㎜厚さの薄切り

おろしにんにく……小さじ½
おろししょうが……小さじ1

A
カレー粉……小さじ1
コリアンダーパウダー……小さじ1
クミンパウダー……小さじ½

B
トマト缶……150g
塩麹・甘酒……各大さじ3
しょうゆ……小さじ4

ココア……小さじ1
なたね油……大さじ3

Kokon's memo

時間をおくと味わいが深まるので、冷蔵庫でひと晩ねかせても。仕上げにココアを加えるとぐっと味に深みが増します。入れなければとってもマイルドな味わい。お好みで豆、揚げ野菜、肉などの具材を加えてバリエーションを楽しんで。

作り方

1 鍋になたね油、玉ねぎ、にんにく、しょうがを入れて弱火にかけ、15分ほど炒める。玉ねぎがきつね色になってきたらえのきだけ、にんじん、りんごを加えて5分ほど炒める。

2 Aを加えてさらに1分炒める。じゃがいもと水1と¼カップを加え、ふたをして10分ほど煮込む。

3 ミキサーに2、Bを入れて30秒ほど撹拌する。鍋に戻してときどきかき混ぜながら弱火で15〜20分ほど煮込む。そのまま冷まして半日おく。食べるときに温め、仕上げにココアを加える。

小松菜カレー

塩麹レシピ

ココナッツミルクを加えたクリーミーなインド風カレー。

材料（2〜3人分）

小松菜……1束（200g）
：みじん切り

玉ねぎ……1個（200g）
：みじん切り

えのきだけ……⅘袋（70g）
：みじん切り

おろしにんにく……小さじ½
おろししょうが……小さじ1

A
カレー粉……小さじ1
コリアンダーパウダー……小さじ1
クミンパウダー……小さじ½

ココナッツミルク……½カップ
塩麹……大さじ3
なたね油……大さじ3

作り方

1 鍋になたね油、にんにく、しょうが、玉ねぎを入れて弱火にかけ、15分ほど炒める。

2 玉ねぎがきつね色になってきたらえのきだけ、小松菜を加え、さらに5分ほど炒める（小松菜が入りきらなかったら半量ずつ加える）。Aを加えて1分炒め、水1と¼カップを注いで5〜6分ほど煮る。

3 ミキサーに2、ココナッツミルク、塩麹を入れて30秒ほど撹拌する。鍋に戻して弱火で5〜6分煮込む。

塩麹のおかゆ　塩麹レシピ

ミキサーを使えば、とろとろの中華風
おかゆがあっという間に完成！

材料（2〜3人分）

ご飯……150g
水……2カップ
ごま油……小さじ¼
塩麹……小さじ1と½
麹ソース赤［作り方P94］……適量

作り方

1 ミキサーに麹ソース以外のすべての材料を入れて10秒撹拌する。

2 1を鍋に移して強火にかけ、沸騰したらときどき混ぜながら弱火で4〜5分煮込む。

3 器に盛り、麹ソースを添える。

Kokon's memo

ミキサーにかけすぎると糊のようになってしまうので、10秒以上かけないように注意する。磯もろみやピリ辛ジャン、5色の麹ソース（P91・93・94）などをお好みで添えて。

ごまだれピビン麺　甘酒レシピ

甘酒ごまだれを常備しておけば
いつでもささっと作れます。

材料（2人分）

油揚げ……⅓枚（30g）
きゅうり……½本（50g）
みょうが……1個
貝割れ菜……適量
トマト……¼個（45g）
冷やむぎ……200g
甘酒ごまだれ［作り方P91］……全量

作り方

1 フライパンに油揚げを入れ、弱火でじっくり素焼きする。ペーパータオルで油を吸い取りながら、軽く色づくまであぶる。取り出してせん切りにする。

2 きゅうり、みょうがはせん切り、貝割れ菜は根元を切り落として長さ半分のざく切りにする。トマトはスライスする。

3 鍋にたっぷりの湯を沸かし、冷やむぎを袋の表示通りにゆでる。冷水で洗い、水けをきって1人分ずつ器に盛る。甘酒ごまだれをかけ、1の油揚げ、野菜各半量ずつ彩りよく盛る。

Kokon's memo

冷やむぎはお好みで細うどんやそうめんに替えても。味のアクセントに麹ソース赤（P94）やピリ辛ジャン（P93）などをからめても。つけ合わせには家にある野菜や、きゅうりのキムチ（P26）や白キムチ（P26）を添えるとよい。

塩麹ラーメン

塩麹レシピ

鶏スープベースのあっさり塩麹スープがしみじみうまい。

材料（2人分）

鶏胸肉 ……………………… 1枚
塩麹 ……… 鶏胸肉の重さの10％量
長ねぎ ………………… ¾本（70g）
：4〜5cm長さに切る
A ┌水 ………………… 5カップ
　 │だし昆布 ………（8×15cm）1枚
　 └干ししいたけ ……………… 1個
おろしにんにく …………… 小さじ½
玉ねぎ ………………… 小さじ2
：すりおろす
塩麹 ………………… 大さじ2と½
中華麺（細麺タイプ）…………… 2玉
万能ねぎ ……………………… 適量
：小口切り
ごま油 ………………… 小さじ1

作り方

1 鶏肉は、観音開きにして塩麹をまぶし、冷蔵庫で5〜6時間おく。調理する30分前に冷蔵庫から出して室温にもどす。

2 鍋にAを入れ、だし汁を取る。昆布としいたけが十分ふやけたら、長ねぎを加えて中火にかける。沸騰したら1の鶏肉を加えて弱火で5分煮る。ふたをして余熱で火を通し、そのまま冷めるまでおく。

3 別の鍋に、にんにく、玉ねぎ、ごま油を入れて中火にかけ、混ぜながら炒める。香りが出てきたら塩麹を加え、サッと炒め合わせる。2のスープをざるで濾しながら加えて、ふたをしてとろ火で約10分煮込む。

4 別の鍋にたっぷりの湯を沸かし、中華麺を袋の表示通りにゆでる。3のスープを熱々にして丼に1人分ずつ注ぎ、ゆでた麺をしっかり湯きりして1玉ずつ入れる。

5 2の鶏肉適量を細く裂いて麺にのせ、万能ねぎを散らす。好みでこしょう（分量外）をふっても。

Kokon's memo

スープはできたてよりも、数時間ねかせたほうが味がなじんでうまみが増す。ゆでた鶏肉は余ったら、サラダやチャーハンなどの具にして活用しましょう。

具材

しょうゆ麹の肉そぼろ

材料（2人分）

豚ひき肉 …… 100g

A
- しょうゆ麹 …… 小さじ2
- おろししょうが …… 小さじ½
- おろしにんにく …… 小さじ¼

まいたけ …… ¼パック（30g）：みじん切り

しめじ … 約1パック（90g）：みじん切り

B
- こしょう・粉唐辛子 …… 各少々
- 松の実　大さじ1

片栗粉 …… 小さじ1

ごま油 …… 大さじ1

作り方

1 ひき肉は調理する30分前に冷蔵庫から取り出し、ボウルに入れてAを混ぜておく。

2 フライパンにごま油を熱し、1のひき肉、まいたけ、しめじ、しょうゆ麹小さじ1〜2（分量外・好みで加減する）を入れて炒め合わせる。肉に火が通ってそぼろ状になったら、片栗粉を水大さじ2で溶いたものを回しかけてとろみをつける。Bを加えて火を止める。

Kokon's memo

しょうゆ麹の酵素の力でひき肉もふっくら。
レタスで包む、ご飯にかける、卵焼きに混ぜる、
ごまだれビビン麺に添えるなどのアレンジも◎。

しょうゆ麹レシピ

しょうゆ麹のピリ辛ジャジャ麺

味つけはしょうゆ麹だけ！ シンプルだけど複雑なおいしさ。

材料（2人分）

しょうゆ麹 …… 小さじ4

貝割れ菜 ………… 適量

赤唐辛子 …… 少々（好みで加減）：輪切り

冷やむぎ ………… 200g

にんにく ………… 1片：みじん切り

しょうゆ麹の肉そぼろ［作り方別記］…… 適量

ごま油 ………… 大さじ1

作り方

1 貝割れ菜は根元を切り落とし、長さ半分のざく切りにする。

2 鍋にたっぷりの湯を沸かし、冷やむぎを袋の表示通りにゆでる。

3 ゆで上がる1分前に、フライパンにごま油、にんにく、赤唐辛子を入れて弱火で混ぜながら炒める。香りが出てきたら火を止める。

4 ゆで上がった冷やむぎは、冷水で洗って水けをきる。3のフライパンに加え、再度強火で手早く炒め合わせる。器に1人分ずつ盛り、肉そぼろ、貝割れ菜各適量を好みでのせる。

塩麹レシピ

とろたまスパ

卵のとろみが幸せなあっさり和製カルボナーラ。シンプルだけどクリーミー。

材料（2人分）

卵	2個
塩麹	大さじ1と½
スパゲッティ	200g
粗塩	大さじ1
にんにく ：みじん切り	1片
粗びき黒こしょう	少々
刻みのり	適量
オリーブ油	大さじ1と½

卵と塩麹を混ぜてねかせると、卵のコクと甘みが増しますが、時間がない場合は混ぜたてを使ってもおいしくできます。卵に火が通りすぎないように、卵液は必ず火を止めてから加えましょう。

Kokon's memo

作り方

1　ボウルに卵を溶き、塩麹を混ぜて冷蔵庫で5〜6時間おく（時間がないときはすぐ使ってもよい）。

2　大きめの鍋に湯（2リットル程度）を沸かし、粗塩を加える。スパゲッティを入れて、袋の表示通りにゆでる。

3　スパゲッティがゆで上がる約1分前に、フライパンにオリーブ油、にんにくを入れて弱火にかける。ときどき揺すりながらゆっくり加熱し、香りが出てきたら火を止める。

4　ゆで上がったスパゲッティの水けをきって3のフライパンに加え、再度火にかける。10秒ほど強火で炒めて火を止め、1の卵液を加えてよく混ぜ合わせる。

5　こしょうをふり、卵がとろりとするまで余熱で火を通す。器に1人分ずつ盛り、刻みのりをふる。

塩麹レシピ

塩麹のアーリオ オーリオ ペペロンチーノ

パスタの定番も塩麹でグレードアップ！

塩麹レシピ

野菜たっぷり トマトソースパスタ

冷蔵庫の残り野菜だけでこんなにおいしく！

材料（2人分）

スパゲッティ……200g
粗塩……大さじ1
にんにく……1片
：薄切り
赤唐辛子……ひとつまみ
：輪切り
塩麹……大さじ1と½
粗びき黒こしょう……少々
オリーブ油……大さじ1と½

作り方

1 大きめの鍋に湯（2ℓ程度）を沸かし、粗塩を加える。スパゲッティを入れて、袋の表示通りにゆでる。

2 ゆでている間にソースを作る。フライパンにオリーブ油、にんにくを入れて弱火にかける。チリチリしてきたら赤唐辛子、塩麹を加え、サッと炒め合わせて火を止める。

3 ゆで上がったスパゲッティの水けをきって、熱いうちに 2 のフライパンに加え、よく混ぜ合わせ、好みでこしょうをふる。

Kokon's memo

ペペロンチーノソースは保存がきくので多めに作って常備して。ゆでたてパスタにからめるだけで、いつでもすぐにおいしいペペロンチーノが食べられます。

材料（3人分）

にんじん……⅓本（40g）
：みじん切り
えのきだけ……½袋（50g）
：みじん切り
しめじ……⅗袋（60g）
：みじん切り
大根……1cm（40g）
：みじん切り
玉ねぎ……½個（100g）
：みじん切り
にんにく……1片
：みじん切り
塩麹……大さじ3
カットトマト缶……1缶
スパゲッティ……300g
粗塩……大さじ2
こしょう……少々
なたね油……大さじ3

作り方

1 鍋になたね油をひき、にんにくを入れて中火にかける。チリチリしてきたら玉ねぎを加え、弱火で5〜6分炒める。

2 残りの野菜をすべて加えて5〜6分炒める。塩麹を加えてさらに1分ほど炒め、トマト缶を加える。ふたをして弱火で約10分煮込む（焦げないようにときどき混ぜる）。

3 大きめの鍋に湯（3ℓ程度）を沸かし、粗塩を加える。スパゲッティを入れて、袋の表示通りにゆでる。

4 ゆで上がったスパゲッティの水けをきって、1人分ずつ器に盛り、2 のトマトソースをかけ、好みでこしょうをふる。

column 3

＼金沢発!!／

発酵食大学の学生さんに 麹ライフについて聞きました

発酵食大学って? 発酵食をもっと日常に引き寄せ、暮らしに活かす技と知恵を学ぶ場です。発酵のエッセンスをまとわせたおいしい自然食を手間なく簡単に作る方法や、蔵見学を通して本格的な醸造現場への見聞を深めるなど、様々な体験を通して、専任教授である小紺有花さんをはじめ、経験豊富な講師陣と蔵の職人たちから総合的に発酵食を学ぶことができます。

Q1 麹と向き合って変わったことは?

A1

- おなかの調子が改善し、便秘薬を飲む回数が減りました。
- 排便のすっきり感があります。
- 便の質がよくなりました。
- 乾燥肌が改善されました。冬は乾燥で粉をふくのが、なくなったり、あかぎれも改善しました。
- 肌の色が白くなったね！と言われました。

Q2 塩麹を手作りして気づいたことは?

A2

- 室温が低いと完成までに時間がかかるようです※1。
- ミネラルの多い塩でつくると色が悪くなるようです※2。

※1 塩麹は室温が低いと発酵に時間がかかり、うまみや甘みが出にくくなります。寒いときは暖房の効いた部屋や冷蔵庫の上に置くなどしてほんのり温めるとよいでしょう。

※2 高価な天然塩ほど塩麹の仕上がりの色が濃くなる傾向があります。おそらく豊富なミネラル分の影響と思われますが、味や品質には全く問題ないので安心してご使用ください。

Q4 甘酒の活用法を教えてください。

A4

- 酒やみりん代わりに使います。
- 砂糖の代わりに。
- 豆乳、牛乳、水、お湯、日本酒で割って飲んでいます。
- コクを出したいときに、煮ものやみそ汁に入れます。
- 卵焼きに入れて甘い卵焼きにする。

Q3 塩麹を料理にどう使っていますか?

A3

- 塩代わりに使うようになり、通常の塩をほとんど使わなくなりました。
- 肉、魚につけて焼く、ご飯を炊くときに入れる、サラダ、炒めもの、煮ものなどなんにでも。
- 最後の調味の味を決めるときに。
- 化学調味料の出番がなしに！だしがなくても塩麹だけでおいしくなります。

Q5 塩麹を使って家族の反応は?

A5

- いつものお肉と違う！と肉料理に感動してくれました。
- 鶏料理やパスタのおいしさに感動してます！
- 今まで無言で食べていた子供たちが「おいしい！」と言ってくれます。
- 小さな子供でも、煮ものを完食するように。

小紺先生より一言 ！

麹ライフは毎日の食事を充実させるだけでなく、腸内環境改善や美肌効果などうれしい変化をもたらすようですね。麹の健康効果は毎日食べ続けることで得られます。ぜひ、麹ライフを習慣づけて麹の恵みを実感してください!!

取材協力・株式会社ウーマンスタイル　発酵食大学（HP：https：//hakkoushoku.jp）

＊「発酵食大学」は株式会社ウーマンスタイルの登録商標です。

作りおきでおつまみも
おかずもラクラク！

ソース＆ディップ

肉や魚料理の仕上げやサラダのドレッシングとして、
ご飯や麺類にも使える重宝なディップ＆ソース。
合わせ調味料としてあえものや炒めものに使えば、
料理の味が何倍にもアップします。
作りおきしておくと便利。

レモンマスタードソース　塩麹レシピ

肉や野菜に添えて。

材料（お手軽ローストビーフ1回分）

レモンの皮（黄色の部分）
……………………小さじ¼
：みじん切り
レモンの絞り汁……小さじ2
粒マスタード………小さじ1
玉ねぎ………………小さじ1
：すりおろし
塩麹…………………小さじ2
オリーブ油（エキストラバージン）
……………………小さじ2

作り方

すべての材料をよく混ぜ合わせる。

Kokon's memo

P30のお手軽ローストビーフに使用。冷蔵庫で約1週間保存可能。

甘酒ごまだれ　甘酒レシピ

ごまの香りが香ばしい濃厚だれ。

材料（ごまだれビビン麺2人分）

白すりごま……………大さじ2
長ねぎ………………⅓本（30g）
：みじん切り
にら…………………1本（10g）
：みじん切り
甘酒・しょうゆ……各大さじ4
米酢…………………小さじ2

作り方

すべての材料を合わせてよく混ぜる。

P84のごまだれビビン麺に使用。蒸し鶏やサラダにかけても。冷蔵庫で約1週間保存可能。

Kokon's memo

磯もろみ　しょうゆ麹レシピ

これさえあれば、何もいらない？　ご飯がすすむ人気者。

材料（作りやすい量）

しょうゆ麹……………大さじ3
練り辛子………………小さじ¼
青のり…………………小さじ¼
一味唐辛子……………少々

作り方

すべての材料を合わせてよく混ぜる。

豆腐につけたり、きゅうりにつけたりしてもおいしい。冷蔵庫で約2週間保存可能。

Kokon's memo

塩麹のご飯の友　塩麹レシピ

ほかほかご飯にのせて。酒の肴にも。

材料（作りやすい量）

塩麹……………………大さじ2
長ねぎ…………………大さじ2
：みじん切り
かつお節…………ふたつまみ
白すりごま……………小さじ2
ゆずの皮（黄色い部分）……少々
：すりおろす
青のり…………………小さじ¼

作り方

すべての材料を合わせてよく混ぜる。

クリームチーズにのせてもおいしい。冷蔵庫で約1週間保存可能。

Kokon's memo

塩麹のサラダのようなドレッシング

塩麹＆甘酒レシピ

野菜をたっぷり使って、ドレッシング自体がサラダのよう！

材料（作りやすい量）

大根 ……………… 2cm（90g）
玉ねぎ …………… 少々（15g）
にんじん …… 2〜3cm（25g）
にんにく ……………… ½片
甘酒 ……………… 大さじ4
塩麹 ……………… 大さじ3
米酢 ……………… 大さじ2
オリーブ油（エキストラバージン）
……………… 大さじ1

作り方

すべての材料をミキサーにかける。

Kokon's memo

保存容器に移し冷蔵庫でひと晩ねかせると、さらにまろやかになります。冷蔵庫で約1週間保存可能。タルタルソースのようにフライに添えてもおいしい。

麹マヨソース

塩麹＆甘酒レシピ

マヨネーズタイプのドレッシング。

材料（コールスローサラダ1回分）

甘酒 ……………… 大さじ2
米酢 ………… 小さじ1と½
塩麹 ………… 大さじ1と½
練り辛子 ………… 小さじ¼
なたね油 ………… 大さじ2

作り方

すべての材料をミキサーにかける。

Kokon's memo

P36のコールスローサラダに使う。蒸し野菜や生野菜に添えて。冷蔵庫で約1週間保存可能。

塩麹ドレッシング

塩麹レシピ

麹ドレッシングの基本形。

材料（白菜マリネサラダ1回分）

塩麹 ……………… 大さじ2
米酢 ……………… 小さじ2
こしょう ……………… 少々
オリーブ油（エキストラバージン）
……………… 大さじ1

作り方

すべての材料を合わせてよく混ぜる。

Kokon's memo

P18の白菜のマリネサラダに使用。
冷蔵庫で約2週間保存可能。

ミント&レモンソース　塩麹レシピ

香りさわやかハーブソース。パスタにかけてもおいしい！

材料（春雨サラダ1回分）

スペアミント……………5g
：みじん切り
レモンの皮（黄色の部分）……………小さじ¼
：みじん切り
レモンの絞り汁……小さじ2
塩麹……………大さじ1
おろしにんにく…………少々
オリーブ油（エキストラバージン）……………小さじ2

作り方

すべての材料を合わせてよく混ぜる。

Kokon's memo
P36の春雨サラダミント&レモン風味に使用。冷蔵庫で約1週間保存可能。

ねぎ塩だれ　塩麹レシピ

鍋に、焼きそばに、肉や魚のグリルなどに。

材料（作りやすい量）

長ねぎ…………⅓本（30g）
：みじん切り
塩麹…………大さじ1と½
白すりごま…………小さじ2
ごま油……………小さじ1
ラー油……………小さじ¼

作り方

すべての材料を合わせてよく混ぜる。

Kokon's memo
できたてよりも少しねかせたほうが、ねぎの香りがマイルドになっておいしい。冷蔵庫で約1週間保存可能。

ピリ辛ジャン　甘酒レシピ

焼き鳥や焼き肉に。ご飯もすすむ！

材料（作りやすい量）

おろしにんにく……小さじ¼
おろししょうが……小さじ½
豆板醤……………小さじ1
甘酒……………大さじ2
麹みそ……………大さじ2
ごま油……………小さじ2

作り方

小さめの鍋にごま油、にんにく、しょうがを入れ、弱火で30秒ほど炒める。残りの材料をすべて加え1分ほど加熱して練り上げる。

Kokon's memo
冷蔵庫で約2週間保存可能。麺類の味のアクセントにも◎。

5色の麹ソース

肉や魚料理のソースに、ご飯、麺類の味のアクセントに。パンや野菜をディップしたり、いろいろ使えるカラフルソース。

塩麹レシピ

5色の麹ソース 緑

和製ジェノバソース！

材料（パスタ1人分）

- 大葉 ………… 10枚
  ：ざく切り
- くるみ ………… 10g
- おろしにんにく ……… 小さじ¼
- 塩麹 … 大さじ1と½
- オリーブ油（エキストラバージン）………… 大さじ1

作り方

大葉はすり鉢ですりつぶす。くるみを加えてすりつぶし、塩麹を入れてすりつぶす。にんにく、オリーブ油を加えてよくすり混ぜる。

塩麹レシピ

5色の麹ソース 赤

塩麹入りの食べるラー油！

材料（作りやすい量）

- 長ねぎ … ⅕本（20g）
  ：みじん切り
- 玉ねぎ … ⅒個（20g）
  ：みじん切り
- おろしにんにく ……… 小さじ½
- おろししょうが ……… 小さじ½
- ごま油 …… 大さじ½
- なたね油 … 大さじ1
- A
  - 一味唐辛子 ……… 小さじ¼
  - パプリカパウダー ……… 小さじ½
  - 八角 …… 1かけ
- 塩麹 …… 大さじ1と½

作り方

小さめの鍋にAと塩麹以外の材料をすべて入れて、弱火にかける。混ぜながら1分半ほど炒める。Aを加えて10秒ほどかき混ぜ、火を止める。すぐに塩麹を加えてよく混ぜる。

塩麹レシピ

5色の麹ソース 白

人気のしょうが味も塩麹でおいしさアップ！

材料（作りやすい量）

- おろししょうが ……… 小さじ2
- なたね油 ………… 小さじ2
- 塩麹 ………… 大さじ1

作り方

小さめの鍋にしょうが、なたね油を入れてかき混ぜながら弱火で1分ほど炒める。火を止めて塩麹を加えてよく混ぜる。

甘酒レシピ

5色の麹ソース 黄

ゆずの香りがさわやか。

材料（作りやすい量）

- 麹みそ ………… 大さじ2
- 甘酒 ………… 大さじ2
- ゆずの絞り汁 ……… 小さじ1
- ゆずの皮（黄色の部分）…… 少々
  ：みじん切り

作り方

すべての材料を小鍋に入れて混ぜ合わせ、中火にかける。かき混ぜながら加熱し、ふつふつと沸いてきたら火を止める。

しょうゆ麹レシピ

5色の麹ソース 黒

ご飯やそうめん、豆腐などに添えて。

材料（作りやすい量）

- 長ねぎ ………… ⅕本（20g）
  ：みじん切り
- しょうゆ麹 ………… 大さじ2
- 黒すりごま ………… 大さじ1

作り方

すべての材料を合わせてよく混ぜる。

Kokon's memo

緑	赤	白	黄	黒
パンのディップ、パスタソースなどに。変色しやすいのでその日のうちに食べきって。	P84の塩麹のおかゆ、P85の塩麹ラーメンの味のアクセントに。冷蔵庫で約2週間保存可能。	パンにディップしたり、みそ汁に少し落としてもおいしい！冷蔵庫で約2週間保存可能。	P84の塩麹のおかゆの味のアクセントに。ゆで野菜にあえてもよい。冷蔵庫で約2週間保存可能。	P73の白菜湯豆腐のたれに使用。冷蔵庫で約1週間保存可能。

著者
小紺有花（ここんゆか）

糀料理クリエイター
WSET Level3、J.S.A. ワインエキスパート
J.S.A. SAKE DIPLOMA、SSI 唎酒師

大阪出身。金沢市在住。金沢美術工芸大学卒業。
2003 年から家族の健康のために麹を料理に取り入れ、
その醸し出す美味しさに魅せられ、独学で研究を始める。
発酵食文化の素晴らしさを伝えるために、料理教室やワークショップ、
ワインや日本酒講座、商品開発、飲食店プロデュースなど様々な活動を精力的に行っている。
食育にも熱心に取り組み、金沢から全国、海外へ活動の幅を広げている。
雑誌やテレビでも活躍。
主な著書に『卵、乳製品、白砂糖なし。塩麹＆甘酒で作る、麹のおいしいスイーツレシピ』『白砂糖なし、乳製品なし、卵なし　甘酒で作る麹のおいしいおかず＆スイーツ』（共に弊社刊）がある。
Instagram　@yuka.kokon ／ @miso_soup_evangelist

Staff
撮影　山本ひろこ
ブックデザイン　大薮胤美　梅井靖子　鈴木真弓（株式会社フレーズ）
料理スタイリング　星由希子
写真・イラスト協力［表紙、P2、P28、62、89］
株式会社ヤマト醤油味噌
取材協力　株式会社ウーマンスタイル
料理協力　嵐敦子　市村真知子　小鍛治光子
レシピ編集協力　坂本典子　佐藤由香（シェルト*ゴ）
編集制作　早草れい子（Corfu企画）

参考文献

『すべての不調をなくしたければ除菌はやめなさい』（文響社）／ Dr. ジョシュ・アックス著、藤田紘一郎監訳
『食のパラドックス 6週間で体がよみがえる食事法』（翔泳社）／スティーブン・R・ガンドリー著、白澤卓二翻訳
『腸が変われば人生が変わる 驚異の腸内フローラ』（ぶんか社）／田中保郎著
『「腸の力」であなたは変わる 一生病気にならない、脳と体が強くなる食事法』（三笠書房）／デイビッド・パールマター、クリスティン・ロバーグ著、白澤卓二翻訳

塩麹・しょうゆ麹・甘酒で作る
免疫力を上げる！発酵食レシピ

2020 年 8 月 20 日初版印刷
2020 年 8 月 30 日初版発行

著者　　小紺有花
発行者　小野寺優
発行所　株式会社河出書房新社
〒 151-0051　東京都渋谷区千駄ヶ谷 2-32-2
電話　03-3404-1201（営業）　03-3404-8611（編集）
http://www.kawade.co.jp/
印刷・製本　図書印刷株式会社

Printed in Japan
ISBN 978-4-309-28812-3

＊本書は、弊社より 2012 年 5 月に刊行された『塩麹のおつまみとおかず』を改題の上、加筆・修正したものです。
＊本書の内容に関するお問い合わせは、お手紙かメール（jitsuyou@kawade.co.jp）にて承ります。恐縮ですが、お電話でのお問い合わせはご遠慮くださいますようお願いいたします。